受験は三省堂

2024 ケータイ行政書士40字記述

過去問から予想問まで

竹井弘二 著

三省堂

● 答案練習用原稿用紙 ●

- 拡大コピーしてお使いください。
- A4用紙を選択し、163%に拡大するとぴったり収まり、書きやすくなります。

反復学習を徹底し、満点を取ろう！

◉ 40字記述式問題の攻略なくして、合格なし！

40字程度の記述式問題は、行政法1問、民法2問のわずか3問ですが、配点は、**合計60点**もあります。合格ラインが180点の行政書士試験にとって、40字記述式問題は、極めて大きなウェートを占めています。行政書士試験に合格するためには、40字記述式問題の攻略が不可欠です。

◉基礎知識は、文章の形で覚えよう！

40字記述式問題の攻略に必要なのは、“基礎知識”と“慣れ”です。“基礎知識”は、本試験で使えそうな文章の形で覚えるのが実戦的です。そして、覚えた文章を使って、40字程度にまとめるという訓練を繰り返せば、すぐに慣れます。“慣れ”は反復回数に比例しますから、厳選した問題を繰り返し解くことが、肝要です。

◉ Q&Aの反復で、実戦的な知識修得！

本書は、厳選した重要テーマについて、Q&Aを繰り返すことによって、本試験で使える文章を覚え、その直後に、覚えた文章を使って、過去問・予想問を解こうというものです。

◉本書をマスターすれば、道は拓く！

Q&Aを1つ覚えることは、1つの予想問題を解くのと、同等の効果があります。本書を反復学習し、100%マスターすれば、あなたは必ず合格します。自信をもって、本試験に臨んでください。

本書の刊行にあたり、本企画の創設者である水田嘉美先生並びに三省堂六法・法律書編集室の加賀谷雅人氏に心より御礼を申し上げたいと思います。

著者 竹井弘二

この本の使い方

この本では、①まず「めざせ満点Q&A」で必要な知識をインプットし、②その直後に過去問または予想問でアウトプットの訓練をします。

40字記述式問題でも、大切なのは基礎知識。知識なくして問

テーマを最小限に厳選！
1日5～6テーマやれば1か月で3度回せる!!

7 行政強制

H23-44
H29-44

出題履歴をトップに表示

めざせQ&A満点！

テーマごとの必須知識をQ&A方式で解説！
ほぼ40字以内で解説してあるので、
同一テーマを別の角度から聞かれたときも、
これを覚えておけば、そのまま解答が書ける！

Q1・行政強制《ぎょうせいきょうせい》とは？

将来に向かって行政目的を実現するために、行政機関が国民の身体や財産に有形力を行使すること。

⇨①行政上の強制執行と②即時強制がある。

Q2・行政上の強制執行とは？

国民が義務を履行しない場合に、行政権が国民の身体・財産等に有形力を行使して強制的に義務を実現すること。

⇨行政上の強制執行として、①代執行《だいしっこう》・②執行罰・③直接強制・④行政上の強制徴収がある。

⇨は、補助解説。大事なポイントがズバリわかる！

Q3・代執行とは？

他人が代行できる義務（代替的作為義務）の不履行について、行政庁が自ら履行または第三者に履行させて、義務者から費用を徴収する制度。

Q4・執行罰とは？

非代替的作為義務や不作為義務について、過料《かりょう》を科すという心理的圧力により履行を確保するもの。

Q5・直接強制とは？

義務を履行しない義務者の身体・財産に直接実力を加え、義務内容を実現する即効的な手続。

Q6・行政上の強制執行に法律上の根拠が必要か？

法律上の根拠が必要であり、法が認めた範囲内でしかできない。

Q7・国などが国民に行政上の義務の履行を求める訴訟は？

専ら行政権の主体として公益保護を目的とするものであり、自己の権利利益の保護を目的とする法律上の争訟

14

題にチャレンジしても意味はありません。

本書は、学習途上でも40字記述式問題の訓練ができるように配慮された、業界唯一のテキストです。

姉妹編「ケータイ行政書士　学習初日から試験当日まで」をお持ちの方は、ぜひそちらでも基礎知識の増強をしましょう。そうすれば、あなたの合格はもう目の前です！

行政法

行政強制

ではないから、法律の規定がない限り、却下される。

Q8・即《そく》時《じ》強制《きょうせい》とは？

緊急の必要性のある場合に、予め国民に義務を課すことなく、いきなり行政機関が実力を加え、行政上必要な状態を作り出す作用。

⇨義務の不履行を前提としない緊急避難的な活動。

⇨消防士による延焼の危険のある家屋の破壊行為や消火活動のための土地使用は、即時強制。 H23-44 出題

Q9・即時強制に法律の根拠が必要か？

根拠規範が不可欠。

⇨法律だけでなく、条例を根拠規範とすることもできる。

出たぞ 過去問！ ➡ 出るぞ 予想問！

A市は、市内へのパチンコ店の出店を規制するため、同市内のほぼ全域を出店禁止区域とする条例を制定した。しかし、事業者Yは、この条例は国の法令に抵触するなどと主張して、禁止区域内でパチンコ店の建設に着手した。これに対して、A市は、同条例に基づき市長名で建設の中止命令を発したが、これをYが無視して建設を続行しているため、A市は、Yを被告として建設の中止を求める訴訟を提起した。最高裁判所の判例によれば、こうした訴訟は、どのような立場でA市が提起したものであるとされ、また、どのような理由で、どのような判決がなされるべきこととなるか。40字程度で記述しなさい。 [H29-44]

解答例 ☞ Q7

専	ら	行	政	権	の	主	体	と	し	て	公	益	の	た
め	に	提	起	し	た	も	の	で	、	法	律	上	の	争
訟	で	は	な	い	か	ら	、	却	下	さ	れ	る	。	

解答は暗記シートで隠せる！
ただし、必ず自分の手で書いてみよう！
難しい漢字を間違えて失点しないように訓練しよう！

15

平成18年以降の過去問をテーマごとに収録！
出題実績のないテーマには、適切な予想問を収録！

正解に直結する「Q＆A」の番号を明示！

テーマごとに過去問または予想問を用意！
Q＆Aを覚えるだけで完璧に解ける！

ケータイ行政書士 40字記述 2024／目次

第1編　行　政　法

第2編 民　法

第1編

行政法

1 権限の委任

めざせQ&A満点!

Q1・行政主体とは?

行政を行う権利と義務を持ち、自己の名と責任で行政活動を行う法人のこと。

⇨代表例は、国と地方公共団体などの統治団体のほか、日本年金機構や国立印刷局などの事業団体がある。

Q2・行政機関とは?

行政主体のために、その手足となって現実に職務を行う自然人のこと。

⇨行政機関は、①行政庁・②諮問《しもん》機関・③参与機関・④監査機関・⑤執行機関・⑥補助機関に分類される。

Q3・行政庁《ぎょうせいちょう》とは?

行政主体の意思を決定し、外部に表示する権限を持つ行政機関のこと。

⇨代表例は、各省大臣・都道府県知事・市町村長。

⇨行政庁は、独任制が原則。ただし、公正取引委員会など、合議制の行政庁もある。

⇨行政庁は階層的な構造になっており、上級の行政庁が下級の行政庁を指揮監督する。

Q4・行政庁の行った行為の効果の帰属先は?

その行政庁の権限の範囲内である限り、行政主体に帰属する。

Q5・行政庁の権限は、法律で決まっているのか?

行政庁が行政主体のために行使できる権限は、法律で明確に決められている。

Q6・行政庁は、権限を自ら行使するのか？

行政庁は、権限を自ら行使するのが原則。

Q7・行政庁は、権限を委任できないのか？

法令の根拠があれば、権限の一部を他の機関に委任することができる（権限の委任）。

⇨権限の全部または主要部分の委任は許されない。

Q8・委任によって権限は、どうなるのか？

権限は受任機関に移り、委任した行政庁はその権限を失う。

Q9・受任機関は、誰の名で権限を行使するのか？

委任後は、受任機関が自己の名と責任でその権限を行使する。

Q10・権限の代理行使にも、法令の根拠が必要か？

法令の根拠は不要。

⇨権限の移動を伴わず、被代理機関が行った行為として扱われるから。

出たぞ 過去問！ ➡ 出るぞ 予想問！

行政庁は、法令に定められた権限を自ら行使するのが原則である。しかし、法令の根拠があれば、行政庁は、持っている権限の一部を他の機関に委任することができる。委任によって、その権限は、どうなるのか。委任を受けた受任機関は、その権限を誰の名と責任で行使することになるのか。40字程度で記述しなさい。

［予想問］

解答例

☞ Q8+Q9

委	任	に	よ	っ	て	、	権	限	は	、	受	任	機	関
に	移	り	、	受	任	機	関	は	、	自	己	の	名	と
責	任	で	そ	の	権	限	を	行	使	す	る	。		

2 行政行為

めざせQ&A満点！

Q1・行《ぎょう》政《せい》行《こう》為《い》とは？

行政庁の一方的な判断によって、特定の国民の権利義務を具体的に決定する行為。

Q2・法律行為的行政行為とは？

行政庁の意思表示によって成立し、その意思に則した法律効果が発生する行政行為（命令的行為・形成的行為）。

⇨一方、行政庁の意思ではなく、法律の定めに基づき法律効果が発生する行政行為を準法律行為的行政行為という（確認・公証・通知・受理）。

Q3・命令的行為とは？

国民が本来持っている活動の自由の制限またはその解除に関する法律行為的行政行為（下命・禁止・許可・免除）。

Q4・形成的行為とは？

国民が本来持っていない法的地位の設定またはその撤回に関する法律行為的行政行為（特許・認可・代理）。

Q5・許可とは？

国民が本来持っている自由に対する一般的な禁止を解除し、その自由を回復させる命令的行為。

例　風俗営業の許可・公衆浴場の許可

Q6・許可について、行政庁に裁量権があるか？

行政庁に裁量権はないのが原則。

⇨法定の拒否事由に当たらなければ、許可しなければならず、裁量によって許可を拒むことはできないのが原則。

⇨本来持っている自由を回復させるものだから。

Q7・特許とは？

人が本来持っていない新たな法律上の力・地位を特定の人に付与する形成的行為。知的財産権の特許権とは関係ない。

例　鉱業権設定の許可・電気などの公共事業の許可

Q8・特許について、行政庁に裁量権があるか？

行政庁に裁量が認められる。

⇨新たな法律上の力・地位を付与するものだから。

⇨ただし、裁量権の範囲の逸脱《いつだつ》または濫用《らんよう》は、違法。裁判所は、その処分を取り消すことができる。

出たぞ 過去問！ ➡ 出るぞ 予想問！

公衆浴場の開設には、距離制限があり、一定の地域には、１軒しか浴場を設けてはならないとされている。同一の地域に複数の公衆浴場開設申請が出された場合、最初にされた申請が優先的に審査され、その申請が法律の要件を満たしていれば、行政庁は、許可を与えなければならない。そして、最初にされた申請が許可されると、２番目以降の申請は、距離制限により不許可とされる。このように先に申請した者を優先的に取り扱うこと先願主義という。公衆浴場の開設の許可について、先願主義が採られているのは、なぜか。その理由について、40 字程度で記述しなさい。　［予想問］

解答例　☞ Q6

行	政	庁	に	裁	量	権	が	な	く	、	法	定	の	拒
否	事	由	に	当	た	ら	な	け	れ	ば	、	許	可	し
な	け	れ	ば	な	ら	な	い	か	ら	。				

3 行政行為の特殊な効力

めざせQ&A満点！

Q1・行政行為の特殊な効力とは？

①公《こう》定《てい》力《りょく》

②不《ふ》可《か》争《そう》力《りょく》（形式的確定力）

③自《じ》力《りき》執《しっ》行《こう》力《りょく》

④不可変更力（自縛力）

Q2・公定力とは？

公定力とは、たとえ違法な行政行為であっても、権限のある国家機関が取り消さない限り、有効なものとして扱われる効力のこと。

Q3・重大かつ明白な瑕《か》疵《し》があっても、有効か？

重大かつ明白な瑕疵がある場合は、権限ある機関による取消しがなくても、法律上無効である。

Q4・違法な行政行為に対して救済を求めるには？

行政行為を取り消し、その公定力を除去しなければならない。

Q5・行政行為を取り消す方法は？

①行政不服審査または②行政事件訴訟（取消訴訟）。

Q6・国家賠償請求にも公定力が及ぶのか？

公定力は及ばない。

⇨国家賠償請求を行う場合には、行政行為を取り消さなくても、その違法性を主張できる。

Q7・不可争力（形式的確定力）とは？

不服申立期間・出訴期間を経過すると、国民は、行政行為の取消しを請求できなくなること。

Q8・自力執行力とは？

行政行為によって命じられた義務を国民が履行しない場合に、行政庁が自らの判断で強制執行を行い、その義務の内容を実現できること。

Q9・不可変更力（自縛力）とは？

権限のある機関が一旦判断を下した以上、自らは、その判断を覆すことができないこと。

⇨不可変更力（自縛力）があるのは、①再調査に対する決定、②審査請求に対する裁決《さいけつ》などの裁断行為。

Q10・裁決庁が裁決を取り消すことは？

新たな裁決は、不可変更力に違反するから、違法。

出たぞ 過去問！ 出るぞ 予想問！

Aは、税務署長から違法な更正処分を受け、それに従って、法定額以上の税金を支払ってしまったため、過誤納金の返還を求めたいと思っている。Aのように、違法な行政行為によって権利を侵害された者が救済を求める場合、まず、行政行為のある効力を除去しなければならない。どのような方法によって、どのような効力を除去しなければならないのか。40字程度で記述しなさい。

［予想問］

解答例

☞ Q4+Q5

行政不服審査または行政事件訴訟によって、行政行為の公定力を除去しなければならない。

4 申　請

H19-44

めざせQ&A満点！

Q1・申請とは？

法令に基づき、行政庁の許可・認可・免許などの自己の利益になる処分を求める行為であって、行政庁に諾否《だくひ》の応答が義務付けられているもの。

Q2・行政庁は申請の審査基準を定めるのか？

行政庁は、申請の審査基準をできるだけ具体的に定めなければならない。

⇨審査基準は、行政上特別の支障がある場合を除いて、適当な方法により公にしておかなければならない。

Q3・審査基準を定める際、一般の意見を求めるのか？

原則として意見公募手続を実施しなければならない。

⇨意見公募手続は、案等を予め公示し、意見の提出先と意見提出期間（30日以上）を定めて行う。

Q4・申請の標準処理期間を定めるのか？

行政庁は、申請の標準処理期間を定めるように努めなければならない。

⇨定めた場合には、適当な方法によって公にしなければならない。

Q5・申請方法について問い合わせがあれば？

行政庁は、求めに応じ、申請書の記載や添付書類など申請に必要な情報の提供に努めなければならない。

Q6・申請が事務所に到達した場合は？

行政庁は、遅滞なく審査を開始しなければならない。

⇨申請に対する処分の迅速かつ公正な処理を確保するために、受理の観念が否定されている。

Q7・処分の時期について問い合わせがあれば？

行政庁は、求めに応じ、審査の進行状況や処分の時期の見通しを示すよう努めなければならない。

Q8・申請書に不備があった場合は？

形式上の要件に適合しない場合、行政庁は、①速やかに相当の期間を定めて補正を求めるか、または、②許《きょ》認《にん》可《か》等の拒否をしなければならない。

Q9・許認可等を拒否する場合、理由を示すのか？

拒否処分と同時に、その理由を示さなければならない。

⇨ただし、要件または審査基準が客観的指標により明確に定められており、それに適合しないことが明らかな場合は、申請人から求めがあったときに理由を示せばよい。

Q10・第三者の利害を考慮すべき場合は？

行政庁は、必要に応じて、公聴会の開催などの適当な方法でその意見を聴くように努めなければならない。

出たぞ 過去問！ ➡ 出るぞ 予想問！

Xは、A県内においてパチンコ屋の営業を計画し、A県公安委員会に風俗営業適正化法に基づく許可を申請した。しかし、この申請書には、内閣府令に定める必要な記載事項の一部が記載されていなかった。この場合、行政手続法7条によれば、A県公安委員会には、その申請への対応として、どのような選択が認められているか。40字程度で記述しなさい。 [H19-44]

解答例

☞ Q8

速	や	か	に	相	当	の	期	間	を	定	め	て	補	正
を	求	め	る	か	、	ま	た	は	、	申	請	に	よ	り
求	め	ら	れ	た	許	可	を	拒	否	す	る	。		

5 不利益処分

めざせQ&A満点！

Q1・不利益処分とは？

行政庁が特定の者を名宛人として、直接に義務を課したり、権利を制限したりする処分。

⇨許認可等の申請に対する拒否処分は含まれない。

Q2・行政庁は処分基準を定めるのか？

行政庁は、処分基準を定め、公にするように努めなければならない。

⇨処分基準は、できる限り具体的なものにしなければならない。

Q3・処分基準を定める際、一般の意見を求めるのか？

原則として意見公募手続を実施しなければならない。

Q4・不利益処分の相手方の意見を聞くのか？

行政庁は、不利益処分の相手方に意見陳述の機会を与えなければならない。

⇨緊急を要する場合や著しく軽微な義務を課すにすぎない場合などは、不要。

Q5・意見を陳述させるため、聴聞《ちょうもん》を行うのはどんな場合か？

①許認可等の取消し、資格や地位の剥奪、職務の解任といった重大な効果を伴うものや、②行政庁が相当と認めるものについては、聴聞を行わなければならない。

⇨他の場合は、弁明の機会を付与しなければならない。弁明は、行政庁が口頭ですることを認めたときを除き、弁明書を提出して行う。

Q6・聴聞の結果は、処分に反映されるのか？

行政庁は、聴聞調書の内容や報告書に記載された主宰者の意見を十分に参酌して、不利益処分をしなければならない。

⇨行政庁は、聴聞調書に記載されている事実に基づいて判断しなければならない。しかし、主宰者の意見には拘束されず、合理的な理由があれば、主宰者の意見と異なる判断もできる。

Q7・不利益処分には理由を示すのか？

不利益処分をする場合、処分と同時に理由を示さなければならない。

⇨ただし、差し迫った必要がある場合は、処分後相当の期間内に理由を示すのが原則。

⇨不利益処分を書面でする場合には、理由も、書面で示さなければならない。

出たぞ過去問！ ➡ 出るぞ予想問！

不利益処分をする場合、行政庁は、同時にその理由を示さなければならない。例外もあるが、それは、どのような場合か。その場合、行政庁は、いつ不利益処分の理由を示すのが原則か。40 字程度で記述しなさい。

［予想問］

解答例

☞ Q7

例	外	は	、	差	し	迫	っ	た	必	要	が	あ	る	場
合	で	あ	り	、	そ	の	場	合	、	処	分	後	相	当
の	期	間	内	に	理	由	を	示	す	の	が	原	則	。

6 行政行為の取消しと撤回

めざせQ&A満点！

Q1・瑕《か》疵《し》ある行政行為の効力は？

瑕疵が重大かつ明白な場合を除き、権限のある国家機関が取り消すまでは有効。

⇨公定力があるから。

Q2・瑕疵ある行政行為を職権で取り消せるのか？

瑕疵ある行政行為を行った行政庁（処分庁）は、適法性または合目的性を回復するために、それを職権で取り消すことができる。

⇨ただし、公共の利益に重大な支障が生じる場合は、取り消すことができない。

Q3・職権取消しに法律の根拠は必要か？

法律の根拠は不要。

⇨違法・不当な行政行為を排除することは、法律による行政の原理により正当化されるから。

Q4・不服申立てに対する裁《さい》決《けつ》も取り消せるのか？

裁決や決定は、職権で取り消すことはできない。

⇨不可変更力が生じているから。

Q5・授《じゅ》益《えき》的《てき》行《ぎょう》政《せい》行《こう》為《い》も職権で取り消せるのか？

信頼や既得権益の尊重を上回る特別な公益上の必要性がある場合には、取り消すことができる。

⇨授益的行政行為とは、国民に何らかの利益を付与する行政行為。許可・特許・認可などが、これに当たる。

Q6・行政行為の撤回とは？

一旦瑕疵なく成立したものの、事情の変化によって公益上効力を維持すべきでなくなった行政行為の効力を、将来に向かって失わせること。

Q7・撤回に法律の根拠が必要か？

法律の根拠は不要。

⇨行政行為の合目的性を回復するだけだから。

Q8・撤回権者は？

原則としてその行政行為を行った行政庁（処分庁）のみ。

Q9・授益的行政行為を撤回できる場合は？

①相手方に有責事由がある場合、または、②撤回を求める公益上の要請が既得権益保護の要請を上回る場合。

⇨授益的行政行為を撤回するには、聴聞を行う必要がある。

⇨授益的行政行為を専ら公益上の理由で撤回する場合、相手方が被った損失を補償すべきである。

出たぞ 過去問！ → 出るぞ 予想問！

授益的行政行為は、国民に権利利益を与えるものである。そのため、授益的行政行為は、一定の場合に当たらない限り、撤回すべきではないと解されている。授益的行政行為を撤回できるのは、どのような場合か。40字程度で記述しなさい。 ［予想問］

解答例 ☞ Q9

相	手	方	に	有	責	事	由	が	あ	る	場	合	ま	た
は	撤	回	を	求	め	る	公	益	上	の	要	請	が	既
得	権	益	保	護	の	要	請	を	上	回	る	場	合	。

7 行政強制

H23-44
H29-44

めざせQ&A満点！

Q1・行政強制《ぎょうせいきょうせい》とは？

将来に向かって行政目的を実現するために、行政機関が国民の身体や財産に有形力を行使すること。

⇨①行政上の強制執行と②即時強制がある。

Q2・行政上の強制執行とは？

国民が義務を履行しない場合に、行政権が国民の身体・財産等に有形力を行使して強制的に義務を実現すること。

⇨行政上の強制執行として、①代執行《だいしっこう》・②執行罰・③直接強制・④行政上の強制徴収がある。

Q3・代執行とは？

他人が代行できる義務（代替的作為義務）の不履行について、行政庁が自ら履行または第三者に履行させて、義務者から費用を徴収する制度。

Q4・執行罰とは？

非代替的作為義務や不作為義務について、過料《かりょう》を科すという心理的圧力により履行を確保するもの。

Q5・直接強制とは？

義務を履行しない義務者の身体・財産に直接実力を加え、義務内容を実現する即効的な手続。

Q6・行政上の強制執行に法律上の根拠が必要か？

法律上の根拠が必要であり、法が認めた範囲内でしかできない。

Q7・国などが国民に行政上の義務の履行を求める訴訟は？

専ら行政権の主体として公益保護を目的とするものであり、自己の権利利益の保護を目的とする法律上の争訟ではないから、法律の規定がない限り、却下される。

Q8・即時強制《そくじきょうせい》とは？

緊急の必要性のある場合に、予め国民に義務を課すことなく、いきなり行政機関が実力を加え、行政上必要な状態を作り出す作用。

⇨義務の不履行を前提としない緊急避難的な活動。

⇨消防士による延焼の危険のある家屋の破壊行為や消火活動のための土地使用は、即時強制。 H23-44 出題

Q9・即時強制に法律の根拠が必要か？

根拠規範が不可欠。

⇨法律だけでなく、条例を根拠規範とすることもできる。

出たぞ 過去問！ ➡ 出るぞ 予想問！

Ａ市は、市内へのパチンコ店の出店を規制するため、同市内のほぼ全域を出店禁止区域とする条例を制定した。しかし、事業者Ｙは、この条例は国の法令に抵触するなどと主張して、禁止区域内でパチンコ店の建設に着手した。これに対して、Ａ市は、同条例に基づき市長名で建設の中止命令を発したが、これをＹが無視して建設を続行しているため、Ａ市は、Ｙを被告として建設の中止を求める訴訟を提起した。最高裁判所の判例によれば、こうした訴訟は、どのような立場でＡ市が提起したものであるとされ、また、どのような理由で、どのような判決がなされるべきこととなるか。40 字程度で記述しなさい。 [H29-44]

解答例

☞ Q7

専ら行政権の主体として公益のた
めに提起したもので、法律上の争
訟ではないから、却下される。

8 行 政 罰

H28-44

めざせQ&A満点！

Q1・行政罰とは？

行政上の義務違反に対して制裁として科される罰。

⇨①行政刑罰と②秩序罰がある。

Q2・行政上の強制執行と行政罰を併用できるのか？

根拠及び目的が異なるので、併用できる。

⇨行政罰は過去の義務違反に対する制裁であり、将来に向かって義務を実現させようとする強制執行とは、目的を異にするから。

⇨行政代執行によって義務が履行された後に、行政罰を科すことができる。行政代執行がなされても、過去に義務違反があったという事実はなくならないから。

Q3・行政刑罰とは？

行政上の義務違反に対して、主として取締りの見地から科される刑法に刑名のある刑罰。

Q4・行政刑罰に罪《ざい》刑《けい》法《ほう》定《てい》主《しゅ》義《ぎ》が適用されるのか？

行政刑罰には、原則として刑法総則が適用され、刑法の大原則である罪刑法定主義が適用される。

Q5・行政刑罰はどのように科されるのか？

裁判所が、刑事訴訟法の定めに従って科刑する。

Q6・秩序罰（行政上の秩序罰）とは？

形式的かつ軽微な行政上の義務違反に対して、秩序維持を目的に過《か》料《りょう》という制裁を科すもの。

Q7・秩序罰にも刑法総則が適用されるのか？

秩序罰は刑罰ではないため、刑法総則の適用はない。また、刑事訴訟法の手続に従う必要もない。

Q8・地方公共団体は秩序罰を科すことができるのか？

地方自治法は、条例や長の制定する規則で、秩序罰（過料）を科すことを認めている。

⇨また、条例については、秩序罰だけでなく、行政刑罰を科すことも認めている。

Q9・秩序罰は、どのように科されるのか？

法令に基づく過料は、非訟《ひしょう》事件手続法の定めに従い、裁判所が科す。

⇨条例や長の制定する規則に基づく過料は、地方自治法により、地方公共団体の長が行政行為の形式で科す。

Q10・行政刑罰と秩序罰を併科できるのか？

併用できる。

⇨両者の目的、要件及び実現のための手続が異なるから。

出たぞ 過去問！ ➡ 出るぞ 予想問！

Ａ市は、Ａ市路上喫煙禁止条例を制定し、同市の指定した路上喫煙禁止区域内の路上で喫煙した者について、２万円以下の過料を科す旨を定めている。Ｘは、路上喫煙禁止区域内の路上で喫煙し、同市が採用した路上喫煙指導員により発見された。この場合、Ｘに対する過料を科すための手続は、いかなる法律に定められており、また、同法によれば、この過料は、いかなる機関により科されるか。さらに、行政法学において、このような過料による制裁を何と呼んでいるか。40字程度で記述しなさい。 ［H28-44］

解答例 ☞ Q6+Q8+Q9

地	方	自	治	法	に	定	め	ら	れ	て	お	り	、	地
方	公	共	団	体	の	長	に	よ	っ	て	科	さ	れ	る
。	秩	序	罰	と	呼	ん	で	い	る	。				

9 行政指導

R3-44

めざせQ&A満点！

Q1・行政指導とは？

一定の行政目的を実現するため、特定の者に一定の作為または不作為を求める指導・勧告・助言その他の行為であって、処分に該当しないもの。

Q2・行政指導に法的拘束力はないのか？

法的拘束力はなく、事実上の協力要請行為にすぎない。

Q3・行政指導に法律の根拠は必要か？

行政指導を行うのに、法律の根拠は不要。

⇨組織法上の権限さえあれば、行政指導はできる。

Q4・行政指導は、権限の範囲内で行うのか？

行政指導に携わる者は、その行政機関の任務または所掌事務の範囲を逸脱してはならない。

Q5・行政指導は、法律の規定に抵触する内容でもよいのか？

法律の規定や一般原則に抵触することは許されない。

Q6・行政指導をする際、相手方に何を示すのか？

行政指導の①趣旨、②内容及び③責任者を明確に示さなければならない。

Q7・行政指導は、書面を交付して行うのか？

行政指導は、原則として口頭で行うことができる。

⇨ただし、相手方から書面の交付を求められた場合は別。

Q8・複数の者に対して行政指導をする場合は？

①予め事案に応じて行政指導指針を定め、かつ、②行政上特別の支障がない限り、これを公表しなければならない。

Q9・行政指導指針に一般の意見を反映させるのか？

原則として意見公募手続を実施しなければならない。

Q10・相手方が行政指導に従わなかった場合は？

それを理由に不利益な取扱いをしてはならない。

⇨ただし、行政指導に従わないことを理由に助成をしないことは、不利益な取扱いに含まれない。

Q11・相手方は行政指導の中止を求められるか？

法令違反の是正を求める行政指導が法律の要件に適合しないと思われる場合、相手方は中止等の申出ができる。

⇨申出を受けた行政機関は、必要な調査を行い、行政指導が法律の要件に適合しない場合には、中止等の必要な措置をとらなければならない。

出たぞ 過去問！ ➡ 出るぞ 予想問！

私立の大学であるA大学は、その設備、授業その他の事項について、法令の規定に違反しているとして、学校教育法15条1項に基づき、文部科学大臣から必要な措置をとるべき旨の書面による勧告を受けた。しかしA大学は、指摘のような法令違反はないとの立場で、勧告に不服をもっている。この文部科学大臣の勧告は、行政手続法の定義に照らして何に該当するか。また、それを前提に同法に基づき、誰に対して、どのような手段をとることができるか。40字程度で記述しなさい。なお、当該勧告に関しては、A大学について弁明その他意見陳述のための手続は規定されておらず、運用上もなされなかったものとする。 [R3-44]

解答例 ☞ Q1+Q11

行政指導に該当し、文部科学大臣
に対し、行政指導の中止を求める
ことができる。

10 行政不服審査

めざせQ&A満点！

Q1・行政《ぎょうせい》不《ふ》服《ふく》審《しん》査《さ》とは？

行政機関に対して不服を申し立てる手続。

⇨適法性だけでなく、妥当性についても判断を求めることができる。

⇨目的は、簡易迅速な手続によって、国民の権利利益の救済を図るとともに、行政の適正な運営を確保すること。

Q2・行政不服審査の対象となるのは何か？

①行政庁の処分と②不《ふ》作《さく》為《い》。

Q3・全ての処分について不《ふ》服《ふく》申《もうし》立《た》てができるのか？

法律で除外したものを除き、全ての処分・不作為について不服申立てができる（一般概括主義）。

Q4・処分に対して異議申立てはできるか？

不服申立ての方法は、審査請求に一元化されている。

⇨異議申立ての制度は廃止された。

⇨審査請求先は、処分庁・不作為庁の最上級行政庁が原則。

Q5・処分について審査請求ができる者は？

処分によって直接権利利益を侵害された者または必然的に侵害されるおそれのある者だけ。

Q6・不作為とは？

法令に基づく申請に対して何らの処分をもしないこと。

⇨不作為に対する審査請求は、法令に基づく申請から相当の期間が経過しても、不作為がある場合にできる。

Q7・不作為に対して審査請求ができる者は？

法令に基づき行政庁に処分の申請を行った者だけ。

Q8・審査請求は、口頭でよいのか？

書面で行うのが原則。

⇨法律または条例が認めている場合には、口頭でできる。

Q9・最上級庁への審査請求を処分庁経由でできないか？

審査請求先が処分庁・不作為庁でない場合、処分庁・不作為庁経由で審査請求ができる。

⇨処分庁等に審査請求書提出・所定事項陳述の時に審査請求があったとみなされる。

Q10・処分庁に対して何かできないのか？

審査請求先が処分庁以外の行政庁の場合、法が認めていれば、審査請求の前に処分庁に再調査の請求ができる。

⇨再調査の請求をした場合、その決定を経た後でなければ、審査請求できないのが原則である。ただし、請求日の翌日から起算して３か月を経過しても、処分庁が決定をしない場合や正当な理由がある場合は別である。

出たぞ 過去問！ ➡ 出るぞ 予想問！

行政庁の処分に対して不服がある場合、審査請求ができる。審査請求先が処分庁以外の行政庁であって、法が認めている場合には、審査請求の前に処分庁に対して再調査の請求ができる。では、再調査の請求をした場合であっても、原則として、随時、審査請求ができるのか。40 字程度で記述しない。 ［予想問］

解答例 ☞ Q10

再	調	査	の	請	求	を	し	た	場	合	、	原	則	と
し	て	、	そ	の	決	定	を	経	た	後	で	な	け	れ
ば	、	審	査	請	求	で	き	な	い	。				

11 教示制度

めざせQ&A満点！

Q1・教示制度とは何か？

行政処分に不服のある者が、不服申立てによる救済の機会を失うことがないように、行政庁がその手続を教え示す制度のこと。

Q2・行政庁に不服申立ての教示《きょうじ》義務があるのか？

不服申立てのできる処分を書面でする場合には、処分の相手方に対して教示義務がある。

⇨処分を口頭でする場合、教示義務はない。

⇨不服申立てとは、行政不服審査法に基づく審査請求、再調査の請求、個別法で定める不服申立てのこと。

Q3・行政庁は、相手方に何を教示するのか？

行政庁は、相手方に対し、①不服申立てができる旨・②不服申立先・③不服申立期間を教示しなければならない。

Q4・審査請求には、期間制限があるのか？

処分に対する審査請求は、原則として、処分のあったことを知った日の翌日から起算して３か月以内に行わなければならない。

⇨不作為に対する審査請求には、期間制限はない。

Q5・利害関係人が教示を求めた場合は？

①不服申立ての可否、②可能な場合の不服申立先と③不服申立期間につき、行政庁は求められた事項を教示しなければならない。

⇨相手方に対する教示義務と異なり、口頭での処分についても、利害関係人の求めに応じ、教示しなければならない。

Q6・利害関係人に対する教示は、書面で行うのか？

書面でも、口頭でもよいのが原則。

⇨相手方に対する教示との違いに注意。

⇨利害関係人が書面での教示を求めている場合には、書面で教示しなければならない。

Q7・教示された審査請求先が誤っていた場合は？

教示に従って提出された審査請求書は、権限のある行政庁に送付され、初めから適法な審査請求があったものとみなされる。

Q8・行政庁が教示をしなかった処分に不服があれば？

処分庁に審査請求書を提出できる。

⇨処分が処分庁に審査請求できるものなら、初めから処分庁に審査請求されたとみなされる。他の行政庁に審査請求できるものなら、審査請求書がその行政庁に送付され、初めからその行政庁に審査請求されたとみなされる。

出たぞ 過去問！ → 出るぞ 予想問！

行政庁であるAは、Bに対して、書面で処分を行う際に、審査請求ができること・審査請求をすべき行政庁・審査請求をすることができる期間を書面で教示した。Bは、Aの教示に従い、教示された行政庁に審査請求書を提出した。ところが、Aが審査請求をすべき行政庁を誤って教示したため、Bは、権限のない行政庁に審査請求書を提出していた。Bの審査請求は、どうなるのか。40 字程度で記述しなさい。 [予想問]

解答例 ☞ Q7

審	査	請	求	書	は	、	権	限	の	あ	る	行	政	庁
に	送	付	さ	れ	、	初	め	か	ら	適	法	な	審	査
請	求	が	あ	っ	た	と	み	な	さ	れ	る	。		

12 審査請求の審理と裁決

めざせQ&A満点！

Q1・審査請求書に不備があったら？

審査庁は相当の期間を定めて補正を命じる必要がある。

⇨期間内に補正されない場合、審査庁は審査手続を経ずに請求を却下できる。

Q2・審査請求の審理手続を行うのは？

審査庁が指名した審理員が審理手続を行う。

⇨審理員に指名されるのは、処分または不作為に関与しない審査庁所属の職員である。

Q3・審査請求の審理は、どのように行うのか？

書面審理が原則。

⇨ただし、申立てにより審査請求人・参加人は口頭で意見を述べる機会を与えられ、審理員の許可を得て処分庁等に質問もできる。

Q4・審理手続が終結したら？

審理員は遅滞なく審理員意見書を作成し、速やかに審査庁に提出する必要がある。

⇨審理員意見書の提出を受けた審査庁が主任の大臣等の場合、原則として行政不服審査会に諮問する必要がある。

Q5・審査請求に理由がなければ？

棄却裁決を行う。

⇨また、審査請求が不適法なら却下裁決を行う。

Q6・処分の審査請求に理由があれば？

認容裁決により処分を取り消す。

⇨審査庁が処分庁・上級行政庁なら、処分の内容の変更もできる。ただし、請求人に不利益な変更はできない。

Q7・違法・不当だが処分の取消しが公共の福祉に反する場合は？

処分の違法・不当を宣言するが、請求は棄却という事情裁決ができる。

Q8・不作為の審査請求に理由があれば？

裁決で違法・不当を宣言する。

⇨一定の処分をすべき場合、審査庁が不作為庁なら処分をし、上級行政庁なら不作為庁に処分を命ずる。

Q9・裁決は、口頭で行うのか？

裁決は審査庁が記名押印した裁決書で行う。

⇨裁決書が審査請求人に送達された時に効力を生じ、関係行政庁を拘束する。

出たぞ 過去問！ ➡ 出るぞ 予想問！

不作為に対する審査請求に理由があり、不作為が違法であって、一定の処分をすべき場合、審査庁は、どのような裁決をするのか。40字程度で記述しなさい。

［予想問］

解答例

☞ Q8

違	法	を	宣	言	し	、	審	査	庁	が	不	作	為	庁
で	あ	れ	ば	処	分	を	し	、	上	級	行	政	庁	で
あ	れ	ば	不	作	為	庁	に	処	分	を	命	ず	る	。

13 取消訴訟の提起要件(1)

H18-44
H27-44

めざせQ&A満点！

Q1・取消訴訟《とりけしそしょう》とは？

行政庁の処分その他公権力の行使に当たる行為の取消しを求める訴訟。

⇨①処分の取消しの訴えと、②裁決の取消しの訴えに分類される。

Q2・裁決取消訴訟でも処分の違法性を主張できるか？

処分とその審査請求を棄却した裁決の双方について取消しの訴えを提起できる場合、処分の違法性を主張するには、処分の取消しの訴えによらなければならない。

⇨裁決の取消しの訴えで主張できるのは、原則として裁決固有の瑕疵に限られ、処分の違法性を主張することはできない。これを原処分主義という。

Q3・取消訴訟の原告適格《げんこくてきかく》が認められるのは？

取消しを求めることに法律上の利益のある者だけ。

Q4・法律上の利益とは？

法律がその者の権利利益を直接保護している場合をいう。

⇨反射的に利益を受けているにすぎない者には、原告適格は認められない。

Q5・原告適格のない者が提起した取消訴訟は？

不適法であり、裁判所は却下判決《きゃっかさいけつ》をし、訴えを門前払いにする。

⇨例えば、食品衛生法に基づく飲食店の営業許可について、近隣の飲食店経営者が取消訴訟を提起しても、原告適格がなく、却下判決が下される。 H18-44 出題

Q6・取消訴訟の被告《ひこく》は？

原則として、処分または裁決を行った行政庁が所属する国または公共団体。

Q7・取消訴訟は、どこの裁判所に提起するのか？

取消訴訟は、被告の普通裁判籍《ふつうさいばんせき》の所在地を管轄する裁判所（被告が国なら、東京地方裁判所）または処分・裁決をした行政庁の所在地を管轄する裁判所に提起する。

⇨遠隔地に住む私人の便宜を図るため、国等を被告とする場合、原告の普通裁判籍の所在地を管轄する高等裁判所の所在地を管轄する地方裁判所にも提起できる。これを特定管轄裁判所という。

出たぞ 過去問！ ➡ 出るぞ 予想問！

Xは、Y県内で開発行為を行うことを計画し、Y県知事に都市計画法に基づく開発許可を申請した。しかし、知事は、この開発行為によりがけ崩れの危険があるなど、同法所定の許可要件を充たさないとして、申請を拒否する処分をした。これを不服としたXは、Y県開発審査会に審査請求をしたが、同審査会も拒否処分を妥当として審査請求を棄却する裁決をした。このため、Xは、申請拒否処分と棄却裁決の両方につき取消訴訟を提起した。このうち、裁決取消訴訟の被告はどこか。また、こうした裁決取消訴訟においては、一般にどのような主張が許され、こうした原則を何と呼ぶか。40字程度で記述しなさい。 [H27-44]

解答例

☞ Q2+Q6

被	告	は	Ｙ	県	で	あ	る	。	裁	決	固	有	の	瑕
疵	だ	け	を	主	張	す	る	こ	と	が	許	さ	れ	、
こ	の	原	則	を	原	処	分	主	義	と	呼	ぶ	。	

14 取消訴訟の提起要件(2)

H25-44

めざせQ&A満点！

Q1・取消訴訟の対象となるのは？

行政庁の処分その他公権力の行使に当たる行為。

⇨直接国民の権利義務を形成し、またはその範囲を確定する行為に限る。

⇨通達は、国民を直接拘束するものではないから、取消訴訟の対象とならない。

Q2・行政計画は、取消訴訟の対象となるのか？

都市再開発事業の事業計画の決定は、公告時に施行区域内の権利関係者に直接かつ特定的・具体的な影響を及ぼすため、取消訴訟の対象になる。

⇨市町村の施行する土地区画整理事業の事業計画の決定も、取消訴訟の対象になる。

⇨これに対して、用途地域の1つである工業地域を指定する決定は、取消訴訟の対象にならない。

Q3・取消訴訟提起後に処分が効力を失ったら？

訴えの利益（訴訟を維持する客観的な実益）がなくなり、取消訴訟は却下される。

⇨ただし、処分が失効しても、取消しによって回復すべき法律上の利益があれば、訴えの利益は認められる。

Q4・辞職によって免職処分の取消訴訟は？

免職処分を受けた公務員が、その取消訴訟の係属中《けいぞくちゅう》に公職に立候補し、公務員を辞職したとみなされた場合でも、訴えの利益は失われない。

⇨免職処分の取消しによって、免職処分時から立候補時までの給与請求権を確保できるから。

Q5・工事完了により、建築確認の取消訴訟は？

建築確認には、工事を可能にするという法的効果しかないから、工事完了により、建築確認の取消しを求める訴えの利益はなくなる。

⇨却《きゃっ》下《か》判《さい》決《けつ》が下される。

出たぞ 過去問！ ➡ 出るぞ 予想問！

Aが建築基準法に基づく建築確認を得て自己の所有地に建物を建設し始めたところ、隣接地に居住するBは、当該建築確認の取消しを求めて取消訴訟を提起すると共に、執行停止を申し立てた。執行停止の申立てが却下されたことからAが建設を続けた結果、訴訟係属中に建物が完成し、検査済証が交付された。最高裁判所の判例によると、この場合、①建築確認の法的効果がどのようなものであるため、②工事完了がBの訴えの訴訟要件にどのような影響を与え、③どのような判決が下されることになるか。40字程度で記述しなさい。

[H25-44]

解答例

☞ Q5

建	築	確	認	は	工	事	を	可	能	に	す	る	に	す
ぎ	ず	、	工	事	完	了	に	よ	り	訴	え	の	利	益
を	失	い	、	却	下	判	決	が	下	さ	れ	る	。	

15 被告適格

R2-44

めざせQ&A満点!

Q1・抗告訴訟とは何か?

抗告訴訟とは、行政庁の公権力の行使に対して不服を申し立てる訴訟のことである。

⇨行政事件訴訟法では、処分の取消しの訴え・無効確認の訴え・不作為の違法確認の訴え・義務付けの訴え・差止めの訴えを、抗告訴訟の類型として規定している。

Q2・取消しの訴えの出訴期間はいつまで?

取消訴訟は、処分または裁決があったことを知った日から6か月を経過すると、提起することができない。また、処分または裁決の日から1年を経過したときも、提起することができない。

⇨正当な理由があるときは、この限りでない。

Q3・無効等確認の訴えとは?

処分・裁決の存否、またはその効力の有無の確認を求める訴訟のこと。

⇨出訴期限がないため、時機に後れた取消訴訟といわれる。

Q4・無効等確認の訴えの被告は?

処分または裁決をした行政庁が国または公共団体に所属する場合には、当該処分をした行政庁が所属する国または公共団体を被告とする。

⇨都道府県知事が処分または裁決をした場合には、その都道府県を被告とする。

⇨国または公共団体に所属しない場合には、その行政庁を被告とする。

Q5・行政庁の権限が他の行政庁に継承されたときは？

処分または裁決があった後に当該行政庁の権限が他の行政庁に継承された時は、継承した行政庁が所属する国または公共団体を被告とする。

出たぞ 過去問！ → 出るぞ 予想問！

Ａ県内の一定区域において、土地区画整理事業（これを「本件事業」という。）が計画された。それを施行するため、土地区画整理法に基づくＡ県知事の認可（これを「本件認可処分」という。）を受けて、土地区画整理組合（これを「本件組合」という。）が設立され、あわせて本件事業にかかる事業計画も確定された。これを受けて本件事業が施行され、工事の完了などを経て、最終的に、本件組合は、換地処分（これを「本件換地処分」という。）を行った。Ｘは、本件事業の区域内の宅地につき所有権を有し、本件組合の組合員であるところ、本件換地処分は換地の配分につき違法なものであるとして、その取消しの訴えを提起しようと考えたが、同訴訟の出訴期間がすでに経過していることが判明した。この時点において、本件換地処分の効力を争い、換地のやり直しを求めるため、Ｘは、誰を被告として、どのような行為を対象とする、どのような訴訟（行政事件訴訟法に定められている抗告訴訟に限る。）を提起すべきか。40字程度で記述しなさい。

[R2-44]

解答例

☞ Q2+Q3+Q4

本件組合を被告として、本件換地処分を対象とする無効の確認を求める訴えを提起する。

16 取消訴訟の終了

H22-44

めざせQ&A満点！

Q1・取消訴訟を取り下げることができるか？

原告は、判決が確定するまでであれば、いつでも訴えを取り下げることができる。

⇨被告が準備書面を提出するなどした場合には、被告の同意が必要となる。

Q2・訴えの取下げによって取消訴訟はどうなるか？

取消訴訟は終了する。

Q3・裁判上の和解によって取消訴訟はどうなるか？

取消訴訟は終了する。

⇨請求の放棄・請求の認諾《にんだく》によっても、取消訴訟は終了する。

Q4・請求に理由がない場合、裁判所はどうするか？

棄却判決《ききゃくはんけつ》を行い、請求を排斥する。

⇨ただし、棄却判決には拘束力がない。そのため、処分を適法として棄却判決がなされた後でも、処分庁は、職権で処分を取り消すことができる。

Q5・請求に理由がある場合、裁判所はどうするか？

請求の認容判決《にんようはんけつ》を行い、処分または裁決を取り消す。

Q6・取り消すことが公共の福祉に適合しなければ？

裁判所は、主文で処分または裁決が違法であると宣言しつつ、請求を棄却することができる（事情判決）。

⇨例えば、処分が違法であっても、処分を取り消すことにより各種の法律関係や事実状態を根底から覆し、社会的に大きな損失をもたらす場合には、事情判決ができる。

⇨主文でも、処分または裁決が違法であることが宣言されるから、違法性についても、既《き》判《はん》力《りょく》が生じる。

Q7・事情判決がなされた場合の訴訟費用は？

被告側が負担する。

Q8・事情判決に不服がある場合は？

原告も、被告も、上訴を提起できる。

出たぞ 過去問！ ➡ 出るぞ 予想問！

Ｙ組合の施行する土地区画整理事業の事業地内に土地を所有していたＸは、Ｙの換地処分によって、従前の土地に換えて新たな土地を指定された。しかし、Ｘは、新たに指定された土地が従前の土地に比べて狭すぎるため、換地処分は土地区画整理法に違反すると主張して、Ｙを被告として、換地処分の取消訴訟を提起した。審理の結果、裁判所は、Ｘの主張のとおり、換地処分は違法であるとの結論に達した。しかし、審理中に、問題の土地区画整理事業による造成工事は既に完了し、新たな土地所有者による建物の建設も終了するなど、Ｘに従前の土地を返還するのは極めて困難な状況となっている。この場合、裁判所による判決は、どのような内容の主文となり、また、このような判決は何と呼ばれるか。40字程度で記述しなさい。 [H22-44]

解答例

☞ Q6

換地処分が違法であることを宣言
しつつ、請求を棄却する主文の判
決を行い、事情判決と呼ばれる。

17 取消判決の効力

H21-44

めざせQ&A満点！

Q1・取消訴訟の判決が確定すると、どうなるのか？

既判力《きはんりょく》が生じる。

⇨裁判所の判断内容が確定し、紛争の蒸し返しが禁止される。

Q2・既判力は、自己に不利な主張も禁止するのか？

自己に不利益な主張をすることはできる。

⇨既判力は、判決で示された法的判断と異なった自己に有利な主張を禁じるものである。

Q3・取消判決によって、処分はどうなるのか？

処分の効力は、直ちに遡及《そきゅう》的に消滅する。

⇨行政庁が取り消すまでもなく、その処分は、当初からなかったことになる。

⇨取消判決には、形成力があるから。

Q4・取消判決は、第三者にも効力が及ぶのか？

取消判決の効力は、第三者にも及び、利害関係人との関係でも、処分は遡及的に消滅する。

⇨取消判決には、第三者効（対世効《たいせいこう》）があるから。

Q5・取消判決は、行政庁を拘束するのか？

取消判決には拘束力があり、処分または裁決をした行政庁その他の関係行政庁を拘束する。

⇨行政庁は、同一事情の下で同一の理由に基づいて、同一人に対して同一内容の処分を行うことができなくなる。

⇨ただし、別の理由に基づいて、同一の処分をすることはできる。

Q6・申請の却下・棄却処分が取り消された場合は？

取消判決の**拘束力**により、処分庁は、判決の趣旨に従い、改めて申請に対する**処分**をしなければならない。

⇨例えば、**理由**の提示に不備があるとして、申請拒否処分が取り消された場合、再度拒否処分をするには、適切に**理由**を提示しなければならない。

⇨審査請求を却下・棄却した裁決が取り消された場合も、裁決庁は、**判決の趣旨**に従い、裁決をやり直さなければならない。

Q7・処分が手続の違法を理由に取り消された場合は？

取消判決の**拘束力**により、行政庁は、**適法な手続**により、改めて処分をしなければならない。

⇨審査請求の認容裁決が手続の違法を理由に取り消された場合も同じ。

出たぞ 過去問！ ➡ 出るぞ 予想問！

Xは、外務大臣に対して旅券の発給を申請したが拒否処分をうけたため、取消訴訟を提起した。これについて、裁判所は、旅券法により義務づけられた理由の提示が不充分であるとして、請求を認容する判決をなし、これが確定した。この場合、行政事件訴訟法によれば、外務大臣は、判決のどのような効力により、どのような対応を義務づけられるか。40字程度で記述しなさい。 [H21-44]

解答例 ☞ Q6

拘束力により、適切に理由を提示
して拒否処分を行うか、旅券の発
給をしなければならない。

18 義務付けの訴え

H20-44
H30-44
R4-44

めざせQ&A満点！

Q1・義務付けの訴えとは？

行政庁に対して処分または裁決をするように命じることを求める訴訟。

⇨申請型義務付け訴訟は、処分・裁決がされない、取り消しされるべき場合などに提起可能。

⇨非申請型義務付け訴訟は、処分がなされないことにより重大な損害を生ずるおそれがあり、損害回避のため他に適当な方法がないときに限り、提起可能。

Q2・相当の期間内に申請に対する処分がないと？

申請者は、不作為の違法確認の訴えの併合提起を条件に、申請の許可処分義務付けの訴えを提起できる。

H30-44 出題

Q3・申請の却下・棄却処分が取り消されるべきなら？

申請者は、処分の取消訴訟の併合提起を条件に、申請の許可処分義務付けの訴えを提起できる。 H20-44 出題

⇨申請の却下・棄却処分が無効・不存在なら、無効等確認の訴えの併合提起が条件となる。

Q4・いつまでに義務付けの訴えを提起するのか？

いつでも提訴できる。義務付けの訴えに出訴期間はない。

Q5・義務付けの訴えの被告は？

処分・裁決をすべき行政庁が所属する国または公共団体。

Q6・裁判所が申請の許可処分を命じる判決をするのは？

不作為の違法確認の訴え等に理由があり、かつ、処分をすべきことが法令の規定から明らかな場合または処分をしないことが裁量権の逸脱・濫用となる場合である。

出たぞ 過去問！ ➡ 出るぞ 予想問！

開発事業者Aは、B市建築主事から建築確認を受けて、マンションの建築工事を行い、完成後、検査済証の交付を受けた。これに対して、当該マンションの隣地に居住するXらは、当該マンションの建築計画は建築基準法令に適合せず、建築確認は違法であり、当該マンションも、そのような建築計画に沿って建てられたものであるから違法であって、当該マンションの建物に火災その他の災害が発生した場合、建物が倒壊、炎上することにより、Xらの身体の安全や家屋に甚大な被害が生ずるおそれがあるとして、建築基準法に基づき違反建築物の是正命令を発出するよう、特定行政庁であるB市長に申し入れた。しかしながら、B市長は、当該建築確認および当該マンションの建物に違法な点はないとして、これを拒否することとし、その旨を通知した。このようなB市長の対応を受け、Xらは、行政事件訴訟法の定める抗告訴訟を提起することにした。この場合において、①誰を被告として、②前記のような被害を受けるおそれがあることにつき、同法の定める訴訟要件として、当該是正命令がなされないことにより、どのような影響を生ずるおそれがあるものと主張し（同法の条文の表現を踏まえて記すこと。）、③どのような訴訟を起こすことが適切か。40字程度で記述しなさい。

［R4-44 要旨］

解答例

☞ Q1+Q5

B市を被告として、重大な損害を
生ずるおそれがあるものと主張し
、義務付けの訴えを起こす。

19 差止めの訴え

R5-44

めざせQ&A満点！

Q1・差止めの訴えとは？

行政庁が一定の処分又は裁決をすべきでないにかかわらずこれをしようとしている場合において、裁判所に対し、当該行政庁にその処分又は裁決をしてはならない旨を命ずるよう求める訴訟をいう。

Q2・差止めの訴えの要件は？

一定の処分又は裁決がされることにより重大な損害を生ずるおそれがある場合に限り、提起することができる。ただし、その損害を避けるため他に適当な方法があるときは、この限りでない。

Q3・仮の差止めとは？

裁判所が、決定をもって、仮に行政庁がその処分又は裁決をしてはならない旨を命ずること。

Q4・仮の差止めの要件は？

差止めの訴えの提起があった場合において、その訴えに係る処分又は裁決がされることにより生ずる償うことのできない損害を避けるため緊急の必要があり、かつ、本案について理由があるとみえるとき、申立てにより行う。

出たぞ 過去問！ → 出るぞ 予想問！

Y市議会の議員であるXは、2023年7月に開催されたY市議会の委員会において発言（以下「当該発言」という。）を行った。これに対して、当該発言は議会の品位を汚すものであり、Y市議会会議規則a条に違反するとして、Y市議会の懲罰委員会は、20日間の出席停止の懲罰を科すことが相当であるとの決定を行った。Y市議会の議員に対する懲罰は、本会議で議決することによって正式に決定されるところ、本会議の議決は、9月に招集される次の会期の冒頭で行うこととし、会期は終了した。これに対し、Xは、①問題となった当該発言は市政に関係する正当なものであり、議会の品位を汚すものではなく、会議規則には違反しない、②予定されている出席停止の懲罰は20日と期間が長く、これが科されると議員としての職責を果たすことができない、と考えている。9月招集予定の次の会期までの間において、Xは、出席停止の懲罰を回避するための手段（仮の救済手段も含め、行政事件訴訟法に定められているものに限る。）を検討している。次の会期の議会が招集されるまで1か月程度の短い期間しかないことを考慮に入れたとき、誰に対してどのような手段をとることが有効適切か、40字程度で記述しなさい。 [R5-44]

解答例 ☞ Q1+Q2+Q3+Q4

Y市に対し、出席停止処分についい
て差止めの訴えをするとともに、
仮の差止めの申立てをする。

20 国家賠償

めざせQ&A満点！

Q1・国家賠償制度とは？

違法な行政活動によって生じた損害を国または公共団体に賠償させ、被害者の救済を図ろうとする制度。

Q2・公務員の違法行為によって損害が発生したら？

公権力の行使に当たる公務員が、その職務を行うについて、故意または過失《かしつ》によって違法に他人に損害を加えたときは、国または公共団体が賠償責任を負う。

⇨ただし、公務員に故意または重過失がある場合には、国または公共団体は、その公務員に対して求償《きゅうしょう》できる。

Q3・公権力の行使とは、権力的なものに限るのか？

公益的なものである限り、非権力的な行政活動も、公権力の行使に当たる。

⇨公立中学校の教師の教育活動も、公権力の行使。

Q4・公務員とは？

公権力を行使する権限を与えられた者のこと。

⇨公務員という身分のある者に限定されない。

Q5・「職務を行うについて」とは？

客観的に見て職務行為の外形を備えていること。

⇨公務員の主観的意図は問わない。

Q6・違法とは？

行為規範に違反すること。

⇨不相当な方法でのパトカーによる追跡は違法。

⇨許容される限度を逸脱し著しく不合理な行政庁の権限不行使は違法。

Q7・公の営造物《えいぞうぶつ》とは？

国または公共団体が、公用または公共の用に供している有体物。

例　道路・河川・官公庁舎・公用車

Q8・公の営造物によって損害が発生したら？

公の営造物の設置または管理に瑕疵《かし》があったために他人に損害を生じたときは、国または公共団体が賠償責任を負う。

Q9・営造物の設置または管理の瑕疵とは？

営造物が通常有すべき安全性を欠いていること。

⇨設置者または管理者の過失は不要。

Q10・財政的理由による免責は認められるのか？

道路の設置または管理の瑕疵については、財政的理由による免責は認められない。

⇨不可抗力《ふかこうりょく》や被害者の異常な行動を理由とする免責は認められる。

出たぞ過去問！→出るぞ予想問！

国家賠償法２条１項は「道路、河川その他の公の営造物の設置又は管理に瑕疵があったために他人に損害を生じたときは、国又は公共団体は、これを賠償する責に任ずる。」と定めている。設置または管理の瑕疵とは、公の営造物がどのような状況にあることをいうのか。設置者または管理者の過失が必要なのか。40字程度で記述しなさい。　［予想問］

解答例　☞Q9

通常有すべき安全性を欠いている
ことをいい、設置者または管理者
の過失は不要である。

21 損失補償

H24-44

めざせQ&A満点！

Q1・損失補償とは？

公共の用に供するために、特定人の財産に加えられた損失を社会全体の手で補償する制度。

⇨適法な行政活動によって発生した損失を補償し、利益調整を行う。

⇨損失補償は、憲法29条3項によって認められている。

Q2・補償が必要なのは？

特定人が偶発的に被った特別の犠牲に当たる場合。

⇨財産権に内在する制約で、国民が一般的に受忍すべきものは、補償の必要はない。

Q3・必要な補償規定がない場合は？

損失補償を要するにもかかわらず、補償規定のない法律について、判例は、憲法29条3項を直接の根拠として補償請求する余地もあるという。

Q4・補償の額は？

憲法29条3項は、正当な補償を求めている。

⇨農地改革に関する事件で、判例は合理的に算出された相当な補償でよい。

⇨土地収用法における損失の補償は、被収用者の財産的価値を等しくする完全な補償が必要とされている。

Q5・土地収用に際して収用委員会の定めた補償金額に不服があったら？

土地収用法は、収用委員会の裁決に不服のある当事者は、他方の当事者を被告として訴訟を提起しなければならないと定めている。

⇨増額を求める土地所有者は、起業者を被告として増額請求訴訟を提起しなければならない。逆に、減額を求める起業者は、土地所有者を被告として減額請求訴訟を提起しなければならない。

⇨当事者間の法律関係を確認・形成する処分・裁決に関する訴訟で法令の規定によりその法律関係の当事者の一方を被告とするものを形式的当事者訴訟という。

出たぞ 過去問！ ➡ 出るぞ 予想問！

Xは、A県B市内に土地を所有していたが、B市による市道の拡張工事のために、当該土地の買収の打診を受けた。Xは、土地を手放すこと自体には異議がなかったものの、B市から提示された買収価格に不満があったため、買収に応じなかった。ところが、B市の申請を受けたA県収用委員会は、当該土地について土地収用法48条に基づく収用裁決（権利取得裁決）をした。しかし、Xは、この裁決において決定された損失補償の額についても、低額にすぎるとして、不服である。より高額な補償を求めるためには、Xは、だれを被告として、どのような訴訟を提起すべきか。また、このような訴訟を行政法学において何と呼ぶか。40字程度で記述しなさい。 [H24-44]

解答例

☞ Q5

B市を被告として、損失補償の増
額請求訴訟を提起すべきであり、
これを形式的当事者訴訟と呼ぶ。

22 公の施設

H26-44

めざせQ&A満点！

Q1・公の施設とは？

住民の福祉を増進する目的で、その利用に供するための施設。

Q2・公の施設を設けるのは誰か？

普通地方公共団体。

⇨普通地方公共団体は、その区域外にも公の施設を設けることができる。また、他の普通地方公共団体の公の施設を自己の住民に利用させることもできる。ただし、これらには、関係普通地方公共団体との協議が必要である。

Q3・公の施設を管理するのは誰か？

普通地方公共団体の長。

⇨ただし、公の施設の設置目的を効果的に達成するため必要があると認めるときは、指定管理者に管理させることができる。

Q4・指定管理者とは？

法人その他の団体であって、条例の定めるところにより、その普通地方公共団体が指定するもの。

⇨指定するには、予め議会の議決を経なければならない。

⇨指定は、期間を定めて行われる。

Q5・設置・管理に関する事項は長が定めるのか？

公の施設の設置及びその管理に関する事項は、法律またはこれに基づく政令に特別の定めがない限り、条例で定めなければならない。

⇨条例を制定する権限は、普通地方公共団体の議会にある。

Q6・住民の利用を拒んでもよいのか？

正当な理由がない限り、住民の利用を拒んではならない。

⇨また、その利用について、不当な差別的取扱いをしてはならない。

Q7・指定管理者のした公の施設を利用する権利に関する処分について不服があったら？

普通地方公共団体の長に対して審査請求ができる。

⇨審査請求があった場合、長は、議会に諮問しなければならない。諮問を受けた議会は、20日以内に意見を述べる必要がある。

出たぞ 過去問！ ➡ 出るぞ 予想問！

A市は、同市内に市民会館を設置しているが、その運営は民間事業者である株式会社Bに委ねられており、利用者の申請に対する利用の許可なども、Bによってなされている。住民の福利を増進するためその利用に供するために設置される市民会館などを地方自治法は何と呼び、また、その設置などに関する事項は、特別の定めがなければ、どの機関によりどのような形式で決定されるか。さらに、同法によれば、その運営に当たるBのような団体は、何と呼ばれるか。40字程度で記述しなさい。 [H26-44]

解答例

☞ Q1+Q3+Q4+Q5

公の施設と呼び、A市の議会によ
り条例で決定される。Bのような
団体は、指定管理者と呼ばれる。

第2編

民　法

1 制限行為能力者

H30-45

めざせQ&A満点!

Q1・行為能力とは?

契約などの法律行為を単独で完全かつ有効に行うことのできる資格・地位のこと。

Q2・成年被後見人とは?

精神上の障害によって事理弁識能力がないため、後見開始の審判が行われ、行為能力が制限されている者。

Q3・成年被後見人が単独で行った法律行為は?

取り消すことができる。

⇨日用品の購入など日常生活に関する行為は、取り消すことはできない。

Q4・取消権があるのは?

成年被後見人本人と法定代理人である成年後見人。

⇨成年被後見人本人も、意思能力があれば、取り消すことができる。

Q5・相手方の対抗策は?

相手方には、催告権が認められている。

Q6・誰に対して催告するのか?

成年被後見人でなくなった後は、本人。

⇨成年被後見人のままなら、法定代理人である成年後見人。

Q7・どのような催告ができるのか?

法律行為を追認するか否かを1か月以上の期間内に確答するように催告できる。

⇨追認すると、法律行為は有効なものに確定する。

Q8・所定の期間内に確答がない場合は？

追認したものとみなされる。

出たぞ 過去問！ ➡ 出るぞ 予想問！

画家Aは、BからAの絵画（以下「本件絵画」といい、評価額は500万円～600万円であるとする。）を購入したい旨の申込みがあったため、500万円で売却することにした。ところが、A・B間で同売買契約（本問では、「本件契約」とする。）を締結したときに、Bは、成年被後見人であったことが判明したため（成年後見人はCであり、その状況は現在も変わらない。）、Aは、本件契約が維持されるか否かについて懸念していたところ、Dから本件絵画を気に入っているため600万円ですぐにでも購入したい旨の申込みがあった。Aは、本件契約が維持されない場合には、本件絵画をDに売却したいと思っている。Aが本件絵画をDに売却する前提として、Aは、誰に対し、1か月以上の期間を定めてどのような催告をし、その期間内にどのような結果を得る必要があるか。なお、AおよびDは、制限行為能力者ではない。

「Aは、」に続け、下線部分につき40字程度で記述しなさい。記述に当たっては、「本件契約」を入れることとし、他方、「1か月以上の期間を定めて」および「その期間内に」の記述は省略すること。 [H30-45]

解答例

☞ Q5+Q6+Q7+Q8

C	に	対	し	、	本	件	契	約	を	追	認	す	る	か
ど	う	か	を	確	答	す	べ	き	旨	の	催	告	を	し
、	追	認	し	な	い	旨	の	確	答	を	得	る	。	

2 虚偽表示

めざせQ&A満点！

Q1・虚偽表示《きょぎひょうじ》とは？

相手方と通じて真意でない意思表示をすること。

例　仮装譲渡

Q2・虚偽表示の効力は？

無効。

⇨土地を仮装譲渡しても、無効であり、土地の所有権は移転しない。

Q3・誰に対しても、無効を対抗できるのか？

虚偽表示無効は、善意の第三者に対抗できない。

⇨善意の第三者は、虚偽表示を有効としてもよいし、無効としてもよい。

Q4・善意とは？

虚偽表示であることを知らないこと。

Q5・知らないことに過失があってもよいのか？

善意であればよく、過失があっても、保護される。

Q6・第三者とは？

当事者及びその一般承継人（相続人など）以外の者であって、虚偽表示の目的につき、法律上利害関係を有するに至った者をいう（判例）。

例　仮装譲渡の譲受人から目的物を買った者や、その土地に抵当権の設定を受けた者

Q7・仮装譲渡の譲受人の債権者《さいけんしゃ》は、第三者か？

単なる債権者は、第三者ではない。

⇨ただし、債権者が仮装譲渡された目的物を差し押さえると、第三者になる。

出たぞ 過去問！ ➡ 出るぞ 予想問！

次の【設問】を読み、【答え】の中の〔　〕に適切な文章を40字程度で記述して、設問に対する解答を完成させなさい。 ［予想問］

【設問】

Aは、強制執行を免れるために、自分の土地をBに仮装譲渡し、登記も移転した。すると、Bは、自分に登記があるのをよいことに、その土地を自分のものだと偽って、事情を知らないCに売却し、登記も移してしまった。Aは、Cから土地を取り戻すことができるか。

【答え】

Aは、Cから土地を取り戻すことはできない。AB間の土地の譲渡は、虚偽表示であるから、無効である（民法94条1項）。しかし、虚偽表示による無効は、善意の第三者には対抗できない（民法94条2項）。善意の第三者との関係では、虚偽表示も有効と扱われるのである。判例によれば、善意とは、虚偽表示であることを知らないことをいい、第三者とは、虚偽表示の当事者及び〔　　〕をいうと解されている。仮装譲渡であることを知らずに、仮装譲渡された土地を購入したCは、善意の第三者である。そのため、Aは、虚偽表示無効をCに対抗できず、Cから土地を取り戻すことはできないのである。

解答例

☞ Q4+Q5+Q6

その一般承継人以外の者であって
、その表示の目的につき、法律上
利害関係を有するに至った者

3 錯誤による意思表示

めざせQ&A満点！

Q1・錯誤とは？

表意者（意思表示をした者）の真実の意思と、表示から推測される意思が違っているのに、表意者がそれに気づかずにいること。

例 言い間違い・書き間違い・勘違い

Q2・錯誤がある意思表示の効力は？

錯誤が法律行為の目的と取引上の社会通念に照らして重要なものであるときは、取り消すことができる。

Q3・表意者に重過失があっても取り消すことが可能か？

錯誤が、表意者の重大な過失によるものであるときは、原則として取り消すことができない。

⇨重大な過失とは、一般人に期待される注意を著しく欠いていることをいう。

⇨相手方が表意者の錯誤を知っているとき、または重過失により知らなかったときは、表意者は錯誤による取消しを主張できる。相手方が表意者と同一の錯誤に陥っていたときも主張できる。

Q4・錯誤による取消しを主張できるのは誰か？

原則として表意者だけである。

⇨錯誤による意思表示を取消しするのは、錯誤に陥った表意者を保護するのが目的だから。

Q5・動機の錯誤とは？

動機の錯誤とは、意思を生じさせる動機に錯誤があることをいう。

⇨意思と表示に食い違いがあるわけではない。

Q6・動機の錯誤も取消しを主張できるのか？

法律行為の基礎とされていることが表示されているときに限り、取り消すことができる。

Q7・取消しは第三者に対抗できるのか？

錯誤による意思表示の取消しは、善意無過失の第三者に対抗できない。

出たぞ 過去問！ ➡ 出るぞ 予想問！

大手自動車メーカーが進出し、周辺の土地が値上がりするという噂を信じて、土地を高額で買ったが、噂は事実無根であった。どのような要件を満たせば、買主は、土地の売買契約は錯誤によるものであるとして、取消しを主張できるのか。40字程度で記述しなさい。

［予想問］

解答例

☞ Q3+Q5+Q6

動機が、法律行為の基礎とされて
いることの表示があり、重過失が
ないときに取消しができる。

4 詐欺・強迫による意思表示

R2-45

めざせQ&A満点！

Q1・詐《さ》欺《ぎ》による意思表示とは？

騙されて、勘違いをしたまま行った意思表示のこと。

Q2・詐欺による意思表示は、無効か？

詐欺による意思表示も、一応有効。

⇨しかし、詐欺という違法な手段が用いられているため、表意者などに取消権が認められている。

⇨詐欺を行ったのが相手方の場合は、無条件に意思表示を取り消すことができる。

Q3・強《きょう》迫《はく》による意思表示とは？

おどされて怖くなり、やむを得ず行う意思表示のこと。

Q4・強迫による意思表示は、無効か？

強迫による意思表示も、一応有効。

⇨完全に意思の自由が奪われた状態でなされた意思表示は、無効となる。意思不存在の場合、法律行為は成立しないからである。

Q5・誰が取り消すことができるか？

詐欺または強迫によって取り消すことができる行為は、瑕疵ある意思表示をした者が取り消すことができる。

⇨その代理人または承継人も、取り消すことができる。

Q6・第三者による詐欺で取消しができるのは、どんなとき？

相手方に対する意思表示について第三者が詐欺を行った場合においては、相手方がその事実を知り、または知ることができたときに限り、その意思表示を取り消すことができる。

Q7・いつまで取消しができるのか？

取消権は、追認することができる時から5年間行使しないとき、または行為の時から20年を経過したときは、時効によって消滅する。

出たぞ 過去問！ ➡ 出るぞ 予想問！

Aは、Bとの間で、A所有の甲土地をBに売却する旨の契約（以下、「本件契約」という。）を締結したが、Aが本件契約を締結するに至ったのは、平素からAに恨みをもっているCが、Aに対し、甲土地の地中には戦時中に軍隊によって爆弾が埋められており、いつ爆発するかわからないといった嘘の事実を述べたことによる。Aは、その爆弾が埋められている事実をBに伝えた上で、甲土地を時価の2分の1程度でBに売却した。売買から1年後に、Cに騙されたことを知ったAは、本件契約に係る意思表示を取り消すことができるか。民法の規定に照らし、40字程度で記述しなさい。なお、記述にあたっては、「本件契約に係るAの意思表示」を「契約」と表記すること。 [R2-45]

解答例 ☞ Q5+Q6

B	が	詐	欺	の	事	実	を	知	り	又	は	知	る	こ
と	が	で	き	た	と	き	に	限	り	、	A	は	、	契
約	を	取	り	消	す	こ	と	が	で	き	る	。		

5 成年被後見人との取引

めざせ Q&A 満点！

Q1・成年被後見人《せいねんひこうけんにん》とは？

精神上の障害によって物事の判断能力がなく、行為の意味さえ理解できないのが通常の状況のため、配偶者《はいぐうしゃ》などの請求により、家庭裁判所が後見開始《こうけんかいし》の審判を行った者。

⇨成年後見人が選任され、成年被後見人に代わって財産上の行為を行う。

Q2・成年被後見人が自ら行った法律行為は？

取り消すことができる。

⇨成年後見人の同意を得ていても、取り消すことができる。

Q3・日用品の購入など日常生活に関する行為は？

成年被後見人が単独で行うことができる。

⇨婚姻や認知《にんち》などの身分行為も、成年被後見人が意思能力のある時に単独で行うことができる。

Q4・取り消すことができるのは、誰か？

成年被後見人本人や成年後見人など。

⇨成年被後見人本人にも、取消権があり、意思能力のある状態であれば、自分の判断で取消権を行使できる。

Q5・能力に問題がないと騙した場合は？

取り消すことはできなくなる。

⇨ただし、成年被後見人であることを黙っていたにすぎない場合は、取り消すことができる。

Q6・相手方は、何ができるのか？

本人が成年被後見人のままであれば、成年後見人に対して、１か月以上の期間を定めて、その期間内に追認《ついにん》するか否かを確答するように催告《さいこく》できる。

⇨本人が行為能力を回復した場合は、本人に対して同様の催告ができる。

Q7・期間内に確答がなった場合は？

本人または成年後見人が単独で追認できる場合は、追認したとみなされる。

⇨法律行為は、当初より有効なものに確定する。

出たぞ 過去問！→ 出るぞ 予想問！

Aは、Bとの間で、B所有の建物の売買契約を締結した。ところが、後日、Bは、家庭裁判所で後見開始の審判を受けた成年被後見人であり、Bが単独で行った契約は、取り消すことができることが判明した。AがBと締結した売買契約は、いつ取り消されるかわからないものだったのだ。いつ取り消されるかわからないという不安定な状態から脱するために、Aは、どうすればよいか。Bが成年被後見人のままであった場合、誰に対して何をするか、40字程度で記述しなさい。

［予想問］

解答例　☞ Q6

B	の	成	年	後	見	人	に	対	し	て	、	1	か	月
以	上	の	期	間	を	定	め	て	追	認	す	る	か	否
か	を	確	答	す	る	よ	う	催	告	す	る	。		

6 取消しと追認

めざせQ&A満点！

Q1・法律行為が取り消されると、どうなるのか？

遡及的に無効になる。

⇨初めからなかったことになる。

Q2・法律行為を取り消すことのできるのは、誰か？

取消権のある者。

⇨①制限行為能力者、②錯誤、詐欺または強迫による意思表示をした者、③これらの代理人・承継人など。

Q3・取り消すことができるのは、いつまでか？

追認できる時から5年以内、かつ行為の時から20年以内。

Q4・追認とは？

取消権を放棄し、法律行為を有効なものに確定すること。

⇨追認により、最初から有効だったことになる。

Q5・追認できるのは、誰か？

取消権のある者。

Q6・追認できるのは、いつか？

①制限行為能力者・②錯誤、詐欺または強迫による意思表示をした者は、取消しの原因となった状況が消滅した後。

⇨制限行為能力者は、行為能力者になった後でないと、追認できない。

⇨詐欺による意思表示をした者は、騙されたことに気付いた後でないと、追認できない。
⇨強迫による意思表示をした者は、強迫状態から解放された後でないと、追認できない。
⇨これに対して、法定代理人などは、いつでも追認できる。

Q7・取消権者が履行をした場合は？

追認したとみなされ、最初から有効だったことになる。
⇨追認できるようになった後に、取消権者が、異議をとどめずに、履行や履行の請求など追認と実質的に同じ行為を行うと、追認したものとみなされる。

出たぞ 過去問！ → 出るぞ 予想問！

15歳のAは、父母には何の相談もなく、同級生のB所有のゲームソフトを5000円で買うという契約をした。数日後、Bがゲームソフトを Aの自宅に届けたところ、Aは留守であったため、Aの父母に事情を話してゲームソフトを引き渡し、対価の5000円を支払ってもらった。その後、Aは、そのゲームソフトに飽きてしまったため、自分が未成年であることから、Bとの売買契約を取り消したいと考えている。しかし、そのようなことは許されない。その理由について、「なぜならば、民法の規定によれば、」に続けて、40字程度で記述しなさい。 ［予想問］

解答例 ☞ Q7

Aの父母がゲームソフトの対価を
支払っており、追認したものとみ
なされるからである。

7　無権代理

H25-45

めざせQ&A満点！

Q1・無《む》権《けん》代《だい》理《り》とは？

代理権がないのに代理行為をしたり、与えられた代理権の範囲外の行為をしたりすること。

Q2・無権代理行為の追認とは？

本人が効果の帰属を承認すること。

Q3・本人が追認すると？

無権代理行為は、行為時から本人に効果が帰属していたことになる。

Q4・無権代理行為の相手方は、何ができるのか？

相手方は、本人に対して相当の期間内に追認するか否かを確答するように催告できる。

Q5・本人が確答しない場合は？

本人は、追認を拒絶したものとみなされる。

Q6・無権代理人との契約を解消できるのか？

本人が追認する前であれば、善意の相手方は、代理権のないことを知らずにした契約を取り消すことができる。

Q7・無権代理人の責任を追及できるのか？

本人が追認せず、無権代理人に行為能力がある場合、善意無過失の相手方は、無権代理人に対して本来の履行または損害賠償のいずれかを選択して請求できる。

⇨無権代理であることを相手方が過失により知らなかったときでも、無権代理人が自己に代理権がないことを知っていたときは、相手方は責任を追及することができる。

出たぞ 過去問！ ➡ 出るぞ 予想問！

Aは、Bに対し、Cの代理人であると偽り、Bとの間でCを売主とする売買契約(以下、「本件契約」という。)を締結した。ところが、CはAの存在を知らなかったが、このたびBがA・B間で締結された本件契約に基づいてCに対して履行を求めてきたので、Cは、Bからその経緯を聞き、はじめてAの存在を知るに至った。他方、Bは、本件契約の締結時に、AをCの代理人であると信じ、また、そのように信じたことについて過失はなかった。Bは、本件契約を取り消さずに、本件契約に基づいて、Aに対して何らかの請求をしようと考えている。このような状況で、AがCの代理人であることを証明することができないときに、Bは、Aに対して、どのような要件の下で(どのようなことがなかったときにおいて)、どのような請求をすることができるか。「Bは、Aに対して、」に続けて、下線部について、40字程度で記述しなさい(「Bは、Aに対して、」は、40字程度の字数には入らない)。 [H25-45]

解答例 ☞ Q7

A	に	行	為	能	力	が	あ	り	、	C	が	追	認	し
な	か	っ	た	と	き	は	、	履	行	ま	た	は	損	害
賠	償	を	請	求	す	る	こ	と	が	で	き	る	。	

8 取得時効

めざせQ&A満点！

Q1・取得時効《しゅとくじこう》とは？

権利者のような外観で長期間権利を行使している場合、法的にもその権利の取得を認めようという制度。

Q2・どのような権利を時効取得できるのか？

所有権・地上権《ちじょうけん》・永小作権《えいこさくけん》といった財産権。

⇨債権は、不動産賃借権を除き、時効取得できない。

Q3・所有権の取得時効の要件は？

①20年間、②所有の意思をもって、③平穏かつ公然と、④他人の物を⑤占有《せんゆう》し続けること。

⇨占有とは、物を直接的または間接的に支配すること。

Q4・所有の意思とは？

権利の性質から客観的に判断して所有権の行使と認められること。

Q5・占有の開始時に善意無過失《ぜんいむかしつ》であった場合は？

取得時効に必要な占有期間が10年に短縮される。

⇨善意無過失とは、自分の物であると信じ、かつ、そう信じることに過失がないこと。

⇨占有者は、占有開始の時に善意無過失であればよく、後に悪意に転じてもよい。

Q6・占有を引き継いだ場合は？

自己の占有期間だけを主張してもよいし、前の占有者の占有期間を合算して主張してもよい。

⇨ただし、前の占有者の占有期間を合算する場合は、悪意などの不利な事情も引き継がなければならない。

Q7・前の占有者が占有開始時に善意無過失なら？

占有を引き継いだ者が悪意でも、占有期間が合わせて

10年になれば、時効取得できる。

Q8・時効期間が経過すると、時効の効果が生じるのか？

時効の効果は、援用《えんよう》によって初めて生じる。

⇨援用とは、時効の利益を主張すること。

⇨時効を援用できるのは、時効によって直接利益を受ける者だけ。

⇨建物賃借人は、敷地の所有権の取得時効によって直接利益を受ける者ではなく、その取得時効を援用できない。

Q9・所有権の取得時効を援用すると？

時効の起算日から、何の制限もない完全な所有権を持っていたことになる。

出たぞ 過去問！ → 出るぞ 予想問！

Aは、Bの土地を所有の意思をもって平穏かつ公然と占有していた。占有期間は、10年には達していなかった。Aは、その土地をCに売却した。Cは、その土地がBのものであることを知っていたが、その土地を購入し、所有の意思をもって平穏かつ公然と占有し続けた。売買からまもなく8年になろうとしていた頃に、Bが、Cに対してその土地の明渡しを求めてきた。これに対して、Cは、土地の時効取得を主張して、明渡しを拒否したいと考えている。Cは、どのような要件を満たせば、土地の時効取得を主張できるのか。40字程度で記述しなさい。

［予想問］

解答例

☞ Q5+Q6+Q7

A	が	占	有	開	始	時	に	善	意	無	過	失	で	あ
り	、	か	つ	、	A	と	C	の	占	有	期	間	が	合
わ	せ	て	1	0	年	に	達	し	て	い	る	こ	と	。

9 不動産の物権変動の対抗要件

H21-46

めざせQ&A満点！

Q1・物権変動《ぶっけんへんどう》とは？

物権の発生・変更・消滅のこと。

例　所有権の移転・抵当権の設定

⇨物権変動は、当事者の意思表示だけで生じる。

Q2・不動産の物権変動の対抗要件は？

登記があること。

⇨不動産の物権変動を第三者に主張するには、登記が必要。

Q3・登記が必要な第三者とは？

当事者及びその包括承継人以外の者で、登記の欠缺《けんけつ》を主張する正当な利益を有する者をいう。

⇨全くの無権利者や不法占拠者など、正当な利益のない者には、登記がなくても、不動産の物権変動を主張できる。

Q4・賃借人に対して登記が必要か？

登記が必要。

⇨賃借人には、登記の欠缺を主張する正当な利益があるから。

⇨賃貸不動産の譲受人は、賃借人に対して、賃貸不動産の所有権を主張する場合だけでなく、賃貸人として賃料を請求する場合にも、登記が必要。

Q5・賃貸借が解除されていると？

登記がなくても、不動産の物権変動を主張できる。

⇨賃貸借を解除されると、無権利者になるから。

Q6・第三者が悪意の場合は？

第三者が物権変動を知っていても、登記が必要。

Q7・第三者が背信的悪意《はいしんてきあくい》の場合は？

自由競争の範囲を逸脱した背信的悪意者に対しては、登記なしで物権変動を主張できる。

⇨背信的悪意者から譲り受けた転得者《てんとくしゃ》に対して物権変動を主張するには、転得者自身が背信的悪意者と評価されない限り、登記が必要。

出たぞ 過去問！ ➡ 出るぞ 予想問！

次の【設問】を読み、【答え】の中の〔　〕に適切な文章を40字程度で記述して、設問に対する解答を完成させなさい。 [H21-46]

【設問】

XはA所有の甲建物を購入したが未だ移転登記は行っていない。現在甲建物にはAからこの建物を借り受けたYが居住しているが、A・Y間の賃貸借契約は既に解除されている。XはYに対して建物の明け渡しを求めることができるか。

【答え】

XはYに対して登記なくして自らが所有者であることを主張し、明け渡しを求めることができる。民法177条の規定によれば「不動産に関する物権の得喪及び変更は、不動産登記法その他の登記に関する法律の定めるところに従いその登記をしなければ、第三者に対抗することができない。」とあるところ、判例によれば、同規定中の〔　　〕をいうものと解されている。ところが本件事案では、Yについて、これに該当するとは認められないからである。

解答例

☞ Q3+Q5

第	三	者	と	は	、	当	事	者	及	び	そ	の	包	括
承	継	人	以	外	の	者	で	、	登	記	の	欠	缺	を
主	張	す	る	正	当	な	利	益	を	有	す	る	者	

10 二重譲渡と背信的悪意者

R2-46

めざせQ&A満点！

Q1・不動産物権変動の対抗要件は？

不動産物権変動の対抗要件は、登記である。

⇨登記がなければ、第三者に対抗できない。

Q2・不動産が二重に売買された場合の所有権は？

原則として、先に登記を備えた方が所有権を取得する。

⇨特段の意思表示がない限り、一方の買主は、所有権の登記を備えなければ、他方の買主に所有権を主張できない。

Q3・不動産の物権変動における第三者とは？

当事者及びその包括承継人以外の者であって、不動産物権の得喪及び変更に関する登記の欠《けん》缺《けつ》を主張する正当な利益を有する者のこと。

例　譲受人・差押債権者・共有者

Q4・背信的悪意者とは？

信義則上、登記の欠缺を主張するについて正当な利益を有しない者のこと。

⇨単に事情を知っている（悪意）だけでなく、正義に反するような害意を有する者を意味する。

Q5・背信的悪意者に対して物権変動を対抗するには？

背信的悪意者には、登記がなくても対抗できる。

⇨背信的悪意者は正当な利益を有しないから。

Q6・背信的悪意者からの転得者は？

原所有者と背信的悪意者の間の契約は有効であり、登記を備えれば、正当な権利を主張できる。

⇨登記を備えた転得者は、転得者自身が背信的悪意者と評価されない限り、その不動産の取得を主張できる。

出たぞ 過去問！ ➡ 出るぞ 予想問！

以下の【設例】および【判例の解説】を読んで記述せよ。 ［R2-46］

【設問】Ａ所有の甲不動産をＢが買い受けたが登記未了であったところ、その事実を知ったＣが日頃Ｂに対して抱いていた怨恨の情を晴らすため、Ａをそそのかしてもっぱらｂを害する目的で甲不動産を二重にＣに売却させ、Ｃは、登記を了した後、これをＤに転売して移転登記を完了した。Ｂは、Ｄに対して甲不動産の取得を主張することができるか。

【判例の解説】上記【設例】におけるＣはいわゆる背信的悪意者に該当するが、判例はかかる背信的悪意者からの転得者Ｄについて、無権利者からの譲受人ではなくＤ自身が背信的悪意者と評価されるのでない限り、甲不動産の取得をもってＢに対抗しうるとしている。

上記の【設例】について、上記の【判例の解説】の説明は、どのような理由に基づくものか。「背信的悪意者は」に続けて、背信的悪意者の意義をふまえつつ、Ｄへの譲渡人Ｃが無権利者でない理由を、40字程度で記述しなさい。

解答例 ☞ Q4+Q6

信義則上、登記の欠缺を主張する
正当な利益を有しない者であって
、ＡＣ間の売買は有効だから。

11 動産の即時取得

H25-46

めざせQ&A満点！

Q1・動産の即時取得《そくじしゅとく》（善意取得）とは？

動産の占有者を権利者と過失なく信頼し、取引行為によって動産の占有を取得した者に動産の所有権または質権を原始取得させる制度。

Q2・不動産も即時取得できるのか？

即時取得の対象となるのは、動産だけ。

Q3・金銭を即時取得できるのか？

金銭は、即時取得の対象とならない。

⇨現実に占有している者に所有権がある。

Q4・代理権があると誤信した場合は？

代理権や行為能力があると誤信しても、即時取得できない。

⇨即時取得は、占有者に所有権または質権があると誤信した場合の制度。

Q5・拾った動産を即時取得できるのか？

即時取得できるのは、有効な取引行為によって動産の占有を取得した場合だけ。

Q6・占有改定《せんゆうかいてい》でも、即時取得できるのか？

即時取得できない。

⇨占有改定では、外観上占有状態に変更がないから。

⇨占有改定とは、譲渡後も、譲渡人が占有代理人として目的物を所持すること。

Q7・即時取得によって権利を引き継ぐのか？

取引が売買なら所有権を、質権の設定なら質権を原始取得する。

⇨前の占有者の権利を引き継ぐのではなく、何の制約もない真新しい権利を取得する。

Q8・占有物が盗品または遺失物の場合は？

被害者または遺失者は、盗難または遺失時から2年間、占有者に対してその物の回復を請求できる。

⇨盗品または遺失物は、盗難または遺失時から2年間、即時取得の成立が猶予されている。

⇨ただし、占有者が盗品・遺失物を競《けい》売《ばい》または商人から善意で買っていた場合は、占有者が支払った代価を弁償しなければ、回復できない。

出たぞ 過去問！ ➡ 出るぞ 予想問！

Aの指輪が、Bによって盗まれ、Bから事情を知らない宝石店Cに売却された。Dは、宝石店Cからその指輪を50万円で購入してその引渡しを受けたが、Dもまたそのような事情について善意であり、かつ無過失であった。盗難の時から1年6か月後、Aは、盗まれた指輪がDのもとにあることを知り、同指輪をDから取り戻したいと思っている。この場合、Aは、Dに対し指輪の返還を請求することができるか否かについて、必要な、または関係する要件に言及して、40字程度で記述しなさい。 [H25-46]

解答例 ☞ Q8

盗	難	時	か	ら	2	年	以	内	に	、	D	に	指	輪
の	代	価	の	5	0	万	円	を	弁	償	す	れ	ば	、
A	は	、	指	輪	の	返	還	を	請	求	で	き	る	。

12 占有権

H27-45

めざせQ&A満点！

Q1・占有《せんゆう》とは？

物を自分の支配下に置いていること。

Q2・自主占有とは？

自主占有とは、所有の意思のある占有をいう。

⇨これに対して、所有の意思のない占有を他主占有という。

Q3・他主占有が自主占有に変わる場合があるのか？

他主占有者が自己に占有をさせた者に対して所有の意思があることを表示した場合には、自主占有に変わる。

⇨また、新たな権原により更に所有の意思をもって占有を始めた場合も、自主占有に変わる。

Q4・占有権とは？

物を支配しているという事実状態を保護する特殊な物権。

Q5・占有訴権《せんゆうそけん》（占有の訴え）とは？

事実的支配の回復を目的とする占有保護請求権。

⇨①占有回収《せんゆうかいしゅう》の訴え・②占有保持《せんゆうほじ》の訴え・③占有保全《せんゆうほぜん》の訴えという3種類がある。

Q6・占有訴権を行使できるのは？

占有者であれば誰でも行使できる。

⇨悪意の占有者や泥棒も行使できる。

Q7・占有を奪われた場合は？

占有者は、占有回収の訴えにより、その物の返還を請求できる。

Q8・誰に対して占有回収の訴えを提起するのか？

現在、その物を所持している者に対して提起する。

⇨悪意の特定承継人に対しても、提起できる。

Q9・占有回収の訴えは、いつまでに提起するのか？

侵奪《しんだつ》の時から１年以内に提起しなければならない。

Q10・侵奪行為が不法行為に当たる場合は？

損害賠償請求もできる。

Q11・騙し取られたり、落としたりした場合は？

占有回収の訴えを提起することはできない。

⇨占有回収の訴えを提起できるのは、占有者の意思に反して占有が奪われた場合だけ。

Q12・占有を妨害された場合は？

占有保持の訴えにより、妨害者に対して妨害者の費用で妨害を排除するように請求できる。

Q13・妨害されるおそれがある場合は？

占有保全の訴えにより、占有を妨害するおそれのある者に対して妨害の予防または損害賠償の担保を請求できる。

出たぞ 過去問！ ➡ 出るぞ 予想問！

権原の性質上、占有者に所有の意思のない他主占有が、自主占有に変わる場合として２つの場合がある。ひとつは、他主占有者が自己に占有させた者に対して所有の意思があることを表示した場合である。もうひとつはどのような場合か、40字程度で記述しなさい。

［H27-45］

解答例

☞ Q3

他主占有者が、新たな権原により
更に所有の意思をもって占有を始
めた場合である。

13 共有物

R1-45

めざせQ&A満点！

Q1・持分《もちぶん》とは？

共有者が目的物に対して持っている権利。

⇨持分の割合は、意思表示や法律の規定で定められるが、不明な場合は、各共有者で平等と推定されている。

Q2・共有者は、共有物全部を使用できるのか？

共有物全部について、その持分に応じた使用ができる。

Q3・共有物の管理は、どのように決めるのか？

共有者が協議を行い、持分の価格の過半数によって決める。

⇨共有物をどのように使用するかは、共有物の管理に関する事項。

Q4・１人が勝手に第三者に使用を承認した場合は？

第三者は、承認をした共有者の持分の限度で共有物を使用できる。

⇨他の共有者が、第三者に対して共有物の引渡しを当然に請求することはできない。

Q5・共有物を変更するには？

各共有者は、他の共有者の同意を得なければ、共有物に変更を加えることができない。

⇨ただし、共有物の形状または効用の著しい変更を伴わないものについては、共有物の管理として扱われる。

Q6・共有物を売却するには？

共有者全員の同意が必要。

⇨共有物の売買契約の締結は、共有物の変更に当たる。

Q7・共有物の所有権確認の訴えを提起するには？

共有者全員で提起しなければならない。

⇨共有物は、共有者全員のものだから。

Q8・第三者に共有物の使用を妨害された場合は？

各共有者が単独で妨害の排除を請求できる。

⇨共有物に対する妨害の排除請求は、一種の保存行為。

出たぞ 過去問！ ➡ 出るぞ 予想問！

Aは、木造2階建ての別荘一棟（同建物は、区分所有建物でない建物である。）をB ら4名と共有しているが、同建物は、建築後40年が経過したこともあり、雨漏りや建物の多くの部分の損傷が目立つようになってきた。そこで、Aは、同建物を建て替えるか、または、いくつかの建物部分を修繕・改良（以下「修繕等」といい、解答においても「修繕等」と記すこと。）する必要があると考えている。これらを実施するためには、建替えと修繕等のそれぞれの場合について、前記共有者5名の間でどのようなことが必要か。「建替えには」に続けて、民法の規定に照らし、下線部について40字程度で記述しなさい（「建替えには」は、40字程度に数えない。）。なお、上記の修繕等については民法の定める「変更」や「保存行為」には該当しないものとし、また、同建物の敷地の権利については考慮しないものとする。 [R1-45]

解答例

☞ Q3+Q5

共有者全員の合意が必要で、修繕等には各共有者の持分の価格の過半数での決定が必要である。

14 留置権

めざせQ&A満点！

Q1・留《りゅう》置《ち》権《けん》とは？

他人の物の占有者が、その物に関して生じた債権の弁済を受けるまで、その物の占有を続ける権利。

⇨留置権は、物権であるから、誰に対しても主張できる。留置物が譲渡されても、譲受人に対して留置権を主張し、引渡しを拒否できる。

Q2・留置権の成立要件は？

①不法行為によらずに、②他人の物を占有し、③その物に関して生じた弁済期にある債権を持っていること。

Q3・その物に関して生じた債権とは？

占有物に費やした費用の償還請求権や物の瑕《か》疵《し》による損害の賠償請求権など。

Q4・借家人が借家の修理費用を支出した場合は？

借家人は、直ちに家主にその償還を請求できる。

Q5・修理費用償還請求権により留置権が成立するか？

留置権が成立する。

⇨借家人は、契約に基づき借家を占有しており、修理費用償還請求権は、その物に関して生じた弁済期にある債権であるから。

Q6・造作買取請求権により、建物を留置できるか？

建物を留置することはできない。

⇨造作買取請求権は、造作に関して生じた債権であって、建物に関して生じた債権ではないから。

Q7・留置権が成立すると？

債権全額の弁済を受けるまで、目的物全部を留置（継続占有）できる。

⇨留置物から生じた果実《かじつ》を収取し、優先的に弁済に充てることもできる。

Q8・留置権者は、留置物を使用してよいのか？

留置物の所有者に無断で留置物を使用したり、賃貸したり、担保に供したりすることはできない。

⇨ただし、留置物の保存に必要な使用はできる。

Q9・借家を留置した場合、そこに居住できるのか？

留置した借家に居住することは、保存に必要な使用として許される。

Q10・借家を留置し、居住した場合、その利益は？

不当利得に当たるから、その返還として、所有者に賃料相当額を支払う必要がある。

出たぞ 過去問！→出るぞ 予想問！

Aは、Bから借りて居住していた借家のトイレが壊れたので、自費で修理をし、その費用の償還をBに求めた。ところが、Bは、償還に応じず、期間満了により借家契約が終了したとして、立退きを求めてきた。借家契約が終了したとしても、Aには、その借家に居住する方法がある。Aは、どのような権利を主張し、どのような要件を満たせば、いつまで、その借家に居住できるのか。40字程度で記述しなさい。 ［予想問］

解答例 ☞ Q7+Q9+Q10

Aは留置権を主張し、賃料相当額
を支払えば、Bが費用全額を償還
するまで、借家に居住できる。

15 抵当権の性質

H18-46
R5-45

めざせQ&A満点！

Q1・抵当権の持つ性質は？

抵当権には、①付《ふ》従《じゅう》性《せい》・②随伴性・③不可分性・④物《ぶつ》上《じょう》代《だい》位《い》性《せい》がある。

Q2・被《ひ》担《たん》保《ぽ》債《さい》権《けん》が消滅すると、抵当権は？

抵当権も消滅する。

⇨抵当権は、被担保債権に付き従う（付従性）。

Q3・被担保債権が発生していない場合は？

将来発生する債権のために、抵当権を設定できる。

⇨抵当権の場合、実行時に被担保債権が存在していればよく、設定時に被担保債権が存在している必要はない。

Q4・被担保債権が第三者に移転すると？

抵当権も、それに伴って移転する（随伴性）。

Q5・被担保債権全部の弁《べん》済《さい》を受けていないと？

目的物全部について、抵当権を行使できる（不可分性）。

Q6・物上代位性とは？

目的物が滅失しても、それに代わる物に抵当権が存続し、その物に効力を及ぼすこと。

Q7・抵当権の設定された建物が焼失した場合は？

火災保険請求権があれば、それに物上代位できる。

Q8・抵当不動産が賃貸された場合は？

賃料に物上代位できる。

Q9・抵当不動産が転貸された場合は？

転貸賃料への物上代位は、原則として認められない。

⇨抵当不動産の賃借人（転貸人）の利益を不当に害することになるから。

Q10・物上代位をするための要件は？

払渡しまたは引渡しの前に、抵当権者が自ら差押えをしなければならない。

⇨差押えは、抵当権設定者の他の財産と混ざらないようにするために、求められている。

Q11・抵当不動産が不法占拠された場合は？

抵当不動産の交換価値の実現が妨げられ、優先弁済権の行使が困難な場合、抵当権者は、不法占拠者に対して妨害の排除を請求できる。

⇨目的物の担保価値を減少させることは、抵当権の侵害に当たり、妨害排除請求ができる。

⇨抵当権は、目的物の占有を取得しない非占有担保物権であるため、抵当権に基づき、目的物の返還を請求することはできない。

出たぞ 過去問！ ➡ 出るぞ 予想問！

AがBに対して有する貸金債権の担保として、Bが所有する甲建物（以下「甲」という。）につき抵当権が設定され、設定登記が経由された。当該貸金債権につきBが債務不履行に陥った後、甲が火災によって焼失し、Bの保険会社Cに対する火災保険金債権が発生した。Aがこの保険金に対して優先弁済権を行使するためには、民法の規定および判例に照らし、どのような法的手段によって何をしなければならないか。40字程度で記述しなさい。 [R5-45]

解答例 ☞ Q7+Q10

抵	当	権	に	基	づ	く	物	上	代	位	権	の	行	使
と	し	て	、	B	へ	の	保	険	金	払	渡	前	に	差
押	え	を	し	な	け	れ	ば	な	ら	な	い	。		

16 法定地上権

めざせQ&A満点！

Q1・法《ほう》定《てい》地《ち》上《じょう》権《けん》とは？

同じ人の土地・建物が競《けい》売《ばい》によって別人のものになり、敷地利用権のない建物を収去せざるを得なくなるのを避けるために、法律上当然に成立する地上権。

Q2・法定地上権の成立要件は？

①抵当権設定当時、土地上に土地所有者の建物があり、②土地建物の一方または双方に抵当権が設定され、③抵当権の実行によって土地・建物の所有者が別人になること。

Q3・更地に抵当権が設定された場合は？

法定地上権は成立しない。

⇨抵当権設定当時に、建物が存在することは不可欠の要件。

Q4・途中で土地と建物の所有者が変わった場合は？

法定地上権が成立する。

⇨抵当権設定時に所有者が同一であれば、その後に所有者が変わってもよい。

Q5・登記名義も同一でなければならないのか？

土地と建物の登記名義まで同一である必要はない。

⇨一方が前所有者の名義のままであったり、未登記であったりしてもよい。

Q6・土地が夫のもので、建物が妻のものの場合は？

土地と建物の所有者が異なる以上、法定地上権は成立しない。

⇨両者の間に親族関係があり、かつ同居していたという事情があっても、法定地上権は成立しない。

Q7・土地が建物所有者と第三者の共有の場合は？

法定地上権は成立しない。

⇨法定地上権は、第三者に負担を強いることになるから。

Q8・建物が土地所有者と第三者の共有の場合は？

法定地上権が成立する。

⇨法定地上権は、第三者の利益にもなるから。

Q9・2番抵当権設定時に要件を満たした場合は？

法定地上権は、土地抵当については成立しないが、建物抵当については成立する。

⇨ただし、1番抵当権が競売前に消滅していた場合は、土地抵当についても、法定地上権が成立する。

出たぞ 過去問！ ➡ 出るぞ 予想問！

1番抵当権設定時には法定地上権の成立要件を満たしていなかったが、2番抵当権設定時にそれを満たすようになった場合は、どうなるのか。判例は、〔　　　〕といっている。土地抵当の場合、法定地上権は、その負担がないものとして担保価値を大きく評価した1番抵当権者を害するが、建物抵当の場合、法定地上権は、逆に1番抵当権者の利益になるからである。ただし、判例は、1番抵当権が競売前に消滅していた場合については、別の扱いをしている。〔　〕に適切な文章を40字程度で記述しなさい。　［予想問］

解答例　　☞ Q9

土	地	抵	当	に	つ	い	て	は	、	法	定	地	上	権
は	成	立	し	な	い	が	、	建	物	抵	当	に	つ	い
て	は	、	法	定	地	上	権	が	成	立	す	る		

17 抵当権の消滅

H23-45

めざせQ&A満点！

Q1・被担保債権が弁済等により消滅すると？

抵当権の付従性により、抵当権も消滅する。

⇨付従性による抵当権の消滅は、登記がなくても第三者に対抗できる。

Q2・被担保債権の一部だけが消滅した場合は？

抵当権は、不可分性により消滅しない。

Q3・抵当権だけが時効消滅することもあるのか？

①債務者や②抵当権設定者との関係では、抵当権だけが時効で消滅することはない。

⇨債務者以外の抵当権設定者を物上保証人《ぶつじょうほしょうにん》という。

⇨①抵当不動産の第三取得者や②後順位《こうじゅんい》抵当権者との関係では、抵当権は被担保債権とは別に20年の消滅時効にかかる。

Q4・抵当不動産が時効取得された場合は？

①債務者または②抵当権設定者が時効取得した場合は、抵当権は消滅しない。

⇨これら以外の者が時効取得した場合は、抵当権は消滅する。

Q5・地上権・永小作権《えいこさくけん》が消滅すると？

それを目的とする抵当権も消滅する。

Q6・地上権・永小作権が放棄された場合は？

地上権・永小作権に抵当権を設定した者が、勝手に地上権・永小作権を放棄しても、その消滅を抵当権者に対抗することはできない。

Q7・代《だい》価《か》弁《べん》済《さい》とは？

抵当不動産の所有権または地上権を買った第三者が、抵当権者の請求に応じて、抵当権者に代価を弁済した場合、抵当権は、第三者のために消滅すること。

Q8・抵当権消滅請求とは？

抵当不動産の所有権を取得した第三者が、抵当権者に対して、代価または指定金額を提供して抵当権の消滅を請求すること。

⇨①主たる債務者・②保証人・③これらの承継人は、抵当権消滅請求ができない。

Q9・抵当権消滅請求は、いつまでに行うのか？

抵当権の実行として行われる競売の差押えの効力が発生する前にしなければならない。

出たぞ 過去問！ → 出るぞ 予想問！

Aの抵当権（登記済み）が存する甲土地をその所有者Bから買い受け、甲土地の所有権移転登記を済ませたCは、同抵当権を消滅させたいと思っている。抵当権が消滅する場合としては、被担保債権または抵当権の消滅時効のほかに、Cが、Bの債権者である抵当権者Aに対し被担保債権額の全部をBのために弁済することが考えられるが、そのほかに、抵当権が消滅する場合を二つ、40字程度で記述しなさい。 [H23-45]

解答例 ☞ Q7+Q8

CがAの請求に応じてAに代価弁
済をした場合と、CがAに対して
抵当権消滅請求をした場合。

18 債務不履行

H19-46

めざせQ&A満点！

Q1・債務不履行《さいむふりこう》とは？

正当な理由がないにもかかわらず、債務の本旨に従った履行がなされないこと。

Q2・履行遅滞《りこうちたい》とは？

履行が可能であるのに、履行期までに債務の本旨に従った履行をしないこと。

⇨金銭の支払を目的とする金銭債務の債務不履行は、通常、履行遅滞。

Q3・履行不能《りこうふのう》とは？

債務の履行が、契約、債務の発生原因、取引上の社会通念に照らして不可能な状態であること。

⇨履行不能であるときは、債権者は債務の履行を請求することができない。ただし、損害賠償請求は可能。

Q4・不完全履行とは？

実施された履行が、債務の本旨に従った完全な履行ではなかった場合のこと。

⇨債権者は、追完《ついかん》として、①瑕疵《かし》の修補や②代替物の給付を請求できる。

Q5・債務不履行によって損害が生じた場合は？

①債務者の帰責事由に基づく、②正当化できない債務不履行によって③損害を被った場合、債権者は、債務者に対して損害賠償を請求できる。

Q6・賠償の対象となる損害は？

①その債務不履行によって通常生じる損害と、②特別の事情による損害であっても、当事者がそれを予見すべき

であったと認められる損害。

Q7・損害賠償の方法は？

損害を金銭に換算し、その金額を債権者に支払うのが原則。

Q8・金銭債務の履行が遅れた場合は？

履行遅滞の事実を証明するだけで、債権者は損害賠償を請求できる。

⇨損害を証明する必要はない。

Q9・金銭債務も不可抗力による抗弁《こうべん》ができるのか？

債務者は、不可抗力をもって抗弁とすることができない。

Q10・金銭債務の履行遅滞による損害賠償額は？

債権額に一定の利率を掛けた額。

出たぞ 過去問！ → 出るぞ 予想問！

金銭債務の不履行については、履行不能や不完全履行の観念を入れる余地はなく、履行遅滞のみが問題となると考えられているところ、民法は、「金銭の給付を目的とする債務の不履行については、その損害賠償の額は、債務者が遅滞の責任を負った最初の時点における法定利率によって定める。[後略]」と規定している(419条1項)。それでは、この点のほか、金銭債務の特則二つを、「金銭債務の不履行の損害賠償については、」に続けて、40字程度で記述しなさい。なお、「金銭債務の不履行の損害賠償については、」は、字数に算入しない。

[H19-46 改]

解答例

☞ Q8+Q9

債	権	者	は	損	害	の	証	明	を	す	る	必	要	が
な	く	、	債	務	者	は	不	可	抗	力	を	も	っ	て
抗	弁	と	す	る	こ	と	が	で	き	な	い	。		

19 債務不履行と契約解除

めざせQ&A満点！

Q1・契約の解除《かいじょ》とは？

契約の一方当事者の意思により、契約がなされなかったのとほぼ同じ状態に戻すこと。

Q2・履行遅滞を理由に契約を解除するには？

原則として催告を行い、債務者に解除を免れる最後のチャンスを与えなければならない。

⇨債務者が催告に応じない場合に初めて、解除権が発生する。

Q3・債務の不履行が軽微な場合でも解除できるのか？

債務の不履行が、契約及び社会通念に照らして軽微なときは、解除することができない。

⇨損害賠償など、他の救済手段で満足をはかる。

Q4・催告には、猶予期間を定めるのか？

履行の催告には、相当の期間を定める必要がある。

Q5・催告に期間が定められていなかった場合は？

相当の期間が経過すると、解除権が発生する。

Q6・債務者に同時履行の抗弁権があった場合は？

解除はできない。

⇨同時履行の抗弁権により履行遅滞が正当化されるから。

⇨履行の提供を行い、同時履行の抗弁権を封じれば、解除できる。

Q7・履行不能を理由に契約を解除する場合は？

催告なしで解除できる。

⇨履行ができない状態になっている以上、催告をしても、無意味だから。

Q8・契約が解除されると？

各当事者は、原状回復義務を負い、法律関係を契約前の状態に戻さなければならない

Q9・既に履行した債務は、どうなるのか？

元に戻さなければならず、給付された物を相手方に返還しなければならない。

Q10・解除前に出現した第三者との関係は？

解除前に出現した第三者の権利を害することはできない。

⇨第三者は、善意・悪意を問わず、保護される。ただし、保護されるためには、目的物が不動産なら登記を備え、動産なら引渡しを受けていなければならない。

⇨解除後の第三者との優劣は、対抗要件の具備によって決まる。

出たぞ 過去問！ → 出るぞ 予想問！

履行遅滞を理由に契約を解除するため、債権者は、債務者に対して履行の催告を行った。ところが、その催告には、期間が定められていなかった。どのような要件を満たせば、債権者に解除権が発生するのか。また、契約が解除されると、各当事者は、どのような義務を負うのか。40字程度で記述しなさい。 [予想問]

解答例

☞ Q5+Q8

相	当	の	期	間	が	経	過	す	る	と	、	解	除	権
が	発	生	し	、	解	除	さ	れ	る	と	、	各	当	事
者	は	、	原	状	回	復	義	務	を	負	う	。		

20 詐害行為取消請求（詐害行為取消権）

H26-45

めざせQ&A満点！

Q1・詐《さ》害《がい》行為とは？

債権者を害することを知りながら行った、財産権を目的とする法律行為。

⇨婚姻・相続の放棄などは、詐害行為にならない。

⇨遺産分割協議は、財産権を目的とする法律行為であり、詐害行為になり得る。

Q2・詐害行為取消請求とは？

債権者に、債務者の詐害行為を取り消して財産を取り戻すことを認める制度。

Q3・「債権者を害する」とは？

債務超過という意味での無資力になること。

⇨詐害行為時だけでなく、取消権行使時にも、債務者は無資力でなければならない。

Q4・債権者の１人に対する代物弁済は詐害行為か？

過大な代物弁済は、原則として詐害行為に当たる。

⇨過大ではない代物弁済であっても、債務者が支払不能の時に行われたものであり、受益者と通謀して他の債権者を害する意図をもって行われたものであるときは、詐害行為になり得る。

Q5・不動産の売却は、詐害行為か？

不相当な対価はもちろん、相当な対価による売買でも、詐害行為になり得る。

Q6・詐害行為取消請求をするには、どうするのか？

裁判所に取消訴訟を提起しなければならない。

Q7・誰を相手取って取消訴訟を提起するのか？

受益者（詐害行為の相手方）または転得者を被告として提起すべきである。

⇨ただし、取得行為時に債権者を害すべき事実を知らなかった（善意）者に対しては、取消権を行使できない。

Q8・受益者は悪意だが目的物を持つ転得者が善意なら？

受益者を相手に詐害行為を取り消して価格賠償を求める訴えを提起する。

Q9・直接債権者に引き渡すように請求できるのか？

目的物が金銭や動産の場合は、直接債権者に引き渡すように請求できる。

⇨登記を直接債権者に移転するように請求することはできない。

出たぞ 過去問！ → 出るぞ 予想問！

Aは複数の債権者から債務を負っていたところ、債権者の一人で懇意にしているBと相談の上、Bに優先的な満足を得させる意図で、A所有の唯一の財産である甲土地を、代物弁済としてBに譲渡した。その後、Bは同土地を、上記事情を知らないCに時価で売却し、順次、移転登記がなされた。この場合において、Aの他の債権者Xは、自己の債権を保全するために、どのような権利に基づき、誰を相手として、どのような対応をとればよいか。判例の立場を踏まえて40字程度で記述しなさい。 [H26-45]

解答例 ☞ Q4+Q7+Q8

詐害行為取消請求に基づき、Bを
相手に、代物弁済を取り消し、価
格賠償を求める訴えを提起する。

21 連帯債務

めざせQ&A満点！

Q1・連《れん》帯《たい》債《さい》務《む》とは？

複数の債務者がそれぞれ独立して性質上可分な同一内容の給付を全て行う義務を負うが、誰かが給付をすれば、他の債務者も債務を免れるもの。

Q2・連帯債務は、１つの債務か？

債務者の数だけ別個独立の債務がある。

⇨１つの債務が無効または取消しの原因があっても、他の債務は、何ら影響を受けることなく、存続する。

Q3・債権者は、どのように履行を請求するのか？

自己の債権の範囲内である限り、１人にのみ全額の支払を請求してもよいし、全員に対して同時に全額の支払を請求してもよい。

⇨適当に振り分けて請求してもよい。

Q4・連帯債務者の１人に請求すると？

その効力は、他の連帯債務者には及ばない。

⇨請求の効果は相対効である。

⇨他の連帯債務者に効力が及ぶと、請求があったことを知らない他の債務者が不利益を被るから。

Q5・請求により債権の消滅時効はどうなるのか？

連帯債務者の１人に請求しても、他の連帯債務者に対する債権の消滅時効の完成は、猶予されない。

Q6・１人が反対債権を持っており、相殺すると？

他の連帯債務者の債務も消滅する。

⇨反対債権を持っている連帯債務者が相殺しない場合、その負担部分について、他の連帯債務者は、履行を拒絶できる。

Q7・債権者が1人に対して債務を免除すると？

他の連帯債務者が債務免除を得た連帯債務者に求償することにより、他の連帯債務者の債務を実質的に減少させることができる。

Q8・連帯の免除とは？

債権者が連帯債務者に対して債務額を負担部分に限定し、それ以上は請求しないと宣言すること。

⇨連帯の免除は、他の連帯債務者には影響しない。

Q9・1人について債権の消滅時効が完成すると？

時効の完成は、相対効であり、他の連帯債務者には影響しない。

Q10・連帯債務者の1人が弁済をすると？

債務は全て消滅する。

⇨弁済をした連帯債務者は、他の連帯債務者に対して各自の負担部分について求償《きゅうしょう》できる。

出たぞ 過去問！→ 出るぞ 予想問！

Ａ及びＢは、Ｃに対して連帯債務を負っている。Ｃは、Ａに対して債権額の半分しか履行を請求できないのか。ＣがＡに対して履行を請求した場合、Ｂに対する債権の消滅時効の完成は猶予されるのか。40字程度で記述しなさい。

［予想問］

解答例

☞ Q3+Q4+Q5

Ｃ	は	Ａ	に	対	し	て	債	権	全	額	の	履	行	を
請	求	で	き	る	。	請	求	は	相	対	効	だ	か	ら
、	Ｂ	に	対	す	る	効	力	は	生	じ	な	い	。	

22 保証債務

H21-45
H24-45

めざせQ&A満点！

Q1・保証契約は、口約束でよいのか？

保証契約は、書面でしないと効力を生じない。

⇨保証契約は、債権者と保証人との契約。主たる債務者の委託がなくても、また、主たる債務者の意思に反しても、保証契約は成立する。

Q2・主たる債務が消滅すると？

主たる債務がなければ、保証債務は成立せず、主たる債務が消滅すれば、保証債務も消滅する（付従性）。

⇨保証債務は、主たる債務より重くなることはない。

Q3・主たる債務者に対して時効完成猶予措置をとると？

主たる債務だけでなく、保証債務の時効も完成が猶予される。

⇨主たる債務者に生じた事由は、保証人にも及ぶ。

Q4・主たる債務の履行期に保証人も弁済するのか？

保証人に弁済責任が生じるのは、主たる債務者が弁済しない場合だけ（補充性）。

⇨保証人には、①催告の抗弁権と②検索の抗弁権がある。

Q5・催告の抗弁権とは？

先に主たる債務者に催告することを請求する権利。

Q6・検索の抗弁権とは？

まず主たる債務者の財産に執行するように求める権利。

⇨主たる債務者に弁済する資力があり、かつ、執行が容易であることを証明する必要がある。

Q7・連帯保証人にも、催告の抗弁権があるのか？

連帯保証人には、催告の抗弁権や検索の抗弁権はない。

⇨主たる債務の弁済期到来により、直ちに連帯保証人に弁済責任が生じる。

Q8・主たる債務の消滅時効が完成すると？

保証人は、主たる債務の消滅時効を援用し、主たる債務の消滅に付従して保証債務も消滅したと主張できる。

Q9・保証人が弁済をすると？

保証人は、主たる債務者に対して求償《きゅうしょう》できる。

⇨保証人は求償権を取得し、主たる債務者は求償債務を負う。

Q10・弁済による求償について連帯保証人がいたら？

弁済すれば、直ちに連帯保証人に対して連帯保証債務の履行を請求できる。 H21-45 出題

出たぞ 過去問！ → 出るぞ 予想問！

AがBに金銭を貸し付けるにあたり、書面により、Cが保証人（Bと連帯して債務を負担する連帯保証人ではない。）となり、また、Dが物上保証人としてD所有の土地に抵当権を設定しその旨の登記がなされた。弁済期を徒過したので、Aは、Bに弁済を求めたところ、Bは、「CまたはDに対して請求して欲しい」と応えて弁済を渋った。そこで、Aは、Dに対して何らの請求や担保権実行手続をとることなく、Cに対してのみ弁済を請求した。この場合において、Cは、Aの請求に対し、どのようなことを証明すれば弁済を拒むことができるか。40 字程度で記述しなさい。 [H24-45]

解答例

☞ Q4+Q6

B	に	弁	済	す	る	資	力	が	あ	り	、	か	つ	、
執	行	が	容	易	で	あ	る	こ	と	を	証	明	す	れ
ば	、	弁	済	を	拒	む	こ	と	が	で	き	る	。	

23 債権譲渡

H20-46
H29-45
R3-45

めざせQ&A満点！

Q1・債権は当事者の合意だけで譲渡できるか？

譲渡人と譲受人との合意だけで譲渡できる。

Q2・将来債権は譲渡できるか？

債権の譲渡は、その意思表示の時に債権が現に発生していることを要しない。債権が譲渡された場合において、その意思表示の時に債権が現に発生していないときは、譲受人は、発生した債権を当然に取得する。

Q3・債権の譲渡を債務者に対抗するには？

①譲渡人が債務者に対して譲渡を通知し、または、②債務者が譲渡を承諾しなければならない。 H20-46 出題

⇨譲受人による通知では、対抗力がない。

Q4・譲渡人に代位して通知できるか？

譲受人が債権者代位権の行使として、譲渡人に代位して債権譲渡を債務者に通知しても、通知の効力は生じない。

Q5・債権譲渡を第三者に対抗するには？

債務者に対する通知または債務者の承諾を確定日付のある証書で行わなければならない。

⇨公正証書や内容証明郵便などが確定日付のある証書。

Q6・債権が二重に譲渡された場合は？

先に第三者に対する対抗要件を備えた方が債権を取得。

Q7・双方とも第三者に対する対抗要件を備えたら？

①通知の到達日時または②承諾日時の先後によって優劣を決定する。

Q8・譲渡制限の意思表示があった場合は？

譲渡制限の意思表示があったときでも、債権譲渡は有効

である。 H29-45 出題

⇨譲渡制限の意思表示がなされた債権の譲渡があったときは、譲受人が債権者となる。

Q9・譲受人が悪意または重過失であるときは？

譲渡制限の意思表示につき譲受人に悪意または重過失があるときは、債務者は、譲受人に対する履行を拒絶できる。

⇨この場合でも、債権者は譲受人である。

出たぞ 過去問！ → 出るぞ 予想問！

Aは、Bに対して100万円の売買代金債権（以下、「本件代金債権」といい、解答にあたっても、この語を用いて解答すること。）を有し、本件代金債権については、A・B間において、第三者への譲渡を禁止することが約されていた。しかし、Aは、緊急に資金が必要になったため、本件代金債権をCに譲渡し、Cから90万円を受領するとともに、同譲渡について、Bに通知し、同通知は、Bに到達した。そこで、Cは、Bに対して、本件代金債権の履行期後に本件代金債権の履行を請求した。Bが本件代金債権に係る債務の履行を拒むことができるのは、どのような場合か。民法の規定に照らし、40字程度で記述しなさい。なお、BのAに対する弁済その他本件代金債権に係る債務の消滅事由はなく、また、Bの本件代金債権に係る供託はないものとする。 [R3-45]

解答例 ☞Q9

C	が	、	本	件	代	金	債	権	の	譲	渡	制	限	の
意	思	表	示	を	知	っ	て	い	る	か	、	ま	た	は
重	過	失	に	よ	り	知	ら	な	か	っ	た	場	合	。

24 弁　済

めざせQ&A満点！

Q1・弁済とは？

債権の内容である特定の行為（給付）が行われること。

例　売主が目的物を引き渡すことや買主が代金を支払うこと。

Q2・弁済によって債務はどうなるのか？

債務の本旨（本来の趣旨）に従った弁済が行われると、債務は消滅する。

⇨債務の本旨に従ったものでないと、債務不履行の問題が生じる。

Q3・弁済は、誰に対して行うのか？

原則として、①債権者または②弁済を受領する権限を付与された第三者に対して行う。

Q4・受領権限のない者に対する弁済は？

原則として無効であり、債権は消滅しない。

Q5・受領権者としての外観を有する者に対する弁済は有効か？

受領権者以外の者であって、取引上の社会通念に照らして受領権者としての外観を有するものに対して行った弁済は、その弁済をした者が善意であり、かつ過失がなかったときに限り、その効力を有する。

Q6・第三者が弁済できるのか？

債務者以外の第三者も、原則として自分の名前で弁済できる。

⇨債権者の承諾は不要である。

Q7・第三者の弁済が許されない場合とは？

正当な利益を有しない第三者は、債務者の意思に反して弁済をすることができない。ただし、債務者の意思に反することを債権者が知らなかった場合は、この限りでない。

Q8・第三者が有効な弁済をすると、どうなるのか？

債務者の債務は消滅し、弁済者に債務者に対する求償権《きゅうしょうけん》が発生する。

Q9・代物弁済とは？

弁済をすることができる者が、債権者との間で、債務者の負担した給付に代えて他の給付をすることにより債務を消滅させる旨の契約をした場合において、その弁済者が当該他の給付をすること。

出たぞ過去問！→出るぞ予想問！

弁済は、債権者または債権者から受領権限を与えられた者に対して行うのが原則である。受領権限のない者に対して弁済しても、その弁済は、原則として無効であり、債権は消滅しない。しかし、例外的に有効となる場合がある。有効となる場合を40字程度で記述しなさい。

［予想問］

解答例

☞ Q5

取引上の社会通念に照らして受領
権者としての外観を有するものに
善意無過失で弁済した場合。

25 贈　与

H30-46

めざせQ&A満点！

Q1・贈与とは？

当事者の一方（贈与者）がある財産を無償で相手方（受贈者）に与える契約である。

⇨贈与は、贈与者と受贈者の合意によって成立する（諾成契約）。

Q2・贈与をやめるには？

書面によらない贈与であれば、各当事者は、贈与を解除し、将来に向かって効力をなくすことができる。

⇨ただし、履行の終わった部分については、解除できない。

Q3・贈与契約書がなければ、解除できるのか？

贈与されたことを確実に看取できる書面があれば、書面による贈与であり、解除はできない。

Q4・「履行の終わった」とは？

動産については、引渡しが行われることである。

⇨引渡しは、簡易の引渡しや占有改定でよい。

Q5・不動産について、「履行の終わった」とは？

不動産なら、登記または引渡しが行われることである。

⇨引き渡せば、登記が未了でも解除できない。また、移転登記を行えば、引渡しがなくても解除できない。

Q6・負担付贈与とは？

受贈者に何らかの義務を負担させる贈与をいう。

⇨負担付贈与は、負担の限度で売買契約と同様に扱われるため、負担と贈与は同時履行の関係になる。

Q7・負担付贈与の受贈者が負担である義務を怠ると？

贈与者は、負担の不履行を債務不履行として、契約を解除できる。

Q8・贈与する財産に瑕疵（欠陥）があったら？

贈与者は、贈与の目的である物を、贈与の目的として特定した時の状態で引き渡せばよい。

⇨負担付贈与であれば、贈与者は、負担の限度で、売主と同様の担保責任を負う。

出たぞ過去問！→出るぞ予想問！

甲自動車（以下「甲」という。）を所有するAは、別の新車を取得したため、友人であるBに対して甲を贈与する旨を口頭で約し、Bも喜んでこれに同意した。しかしながら、Aは、しばらくして後悔するようになり、Bとの間で締結した甲に関する贈与契約をなかったことにしたいと考えるに至った。甲の引渡しを求めているBに対し、Aは、民法の規定に従い、どのような理由で、どのような法的主張をすべきか。40字程度で記述しなさい。なお、この贈与契約においては無効および取消しの原因は存在しないものとする。

[H30-46]

解答例

☞ Q2+Q4

書面によらないこと及び履行が終
わっていないことを理由に、贈与
の解除を主張すべきである。

26 売買契約

H18-45

めざせQ&A満点！

Q1・売買契約とは？

財産権を与え、その対価として金銭を取得する契約。

Q2・どうすれば、売買契約は成立するのか？

売主と買主が合意するだけで成立（諾成契約）。

⇨書面を作る必要は特にない。

Q3・売買の一方の予約とは？

当事者の一方にだけ予約完結権を与えるという合意。

Q4・予約完結権とは？

一方的な意思表示によって売買契約を成立させる権限。

Q5・予約完結権が行使されると？

当然に売買契約が成立する。

Q6・売買契約が成立すると？

売主に目的物の引渡債務が発生し、買主に代金支払債務が発生する。

Q7・手《て》付《つけ》とは？

契約成立時に交付される金銭その他の有価物。

⇨手付には、①証約手付・②解約手付・③違約手付がある。

Q8・解《かい》約《やく》手《て》付《つけ》とは？

それを犠牲にすれば、どんな理由でも契約を解除できる手付。

⇨売買当事者が交付した手付は、原則として解約手付。

Q9・買主が解約手付によって解除する方法は？

買主は、手付を放棄しさえすれば、契約を解除できる。

Q10・売主が解約手付によって解除する方法は？

売主は、手付の倍額を現実に提供して、契約を解除できる。

⇨口頭で倍額を返すと告げるだけではダメ。現実に倍額を提供する必要がある。

Q11・手付による解除は、いつまでにするのか？

相手方が契約の履行に着手するまでにしなければならない。

⇨自己が履行していても、解除できる。

Q12・買主は、自らが履行に着手後も、解除できるか？

売主が契約の履行に着手するまでは、買主は、手付を放棄して契約を解除できる。

Q13・手付による解除の際、損害賠償請求もできるか？

解約手付による解除の場合、他に損害があっても、その賠償を請求することはできない。

出たぞ過去問！ 出るぞ予想問！

売買契約において買主が売主に解約手付を交付した場合に、このことによって、買主は、どのような要件のもとであれば、売買契約を解除することができるか。40字程度で記述しなさい。 [H18-45]

解答例 ☞ Q9+Q11+Q12

買主は、売主が契約の履行に着手
するまでは、手付を放棄して、売
買契約を解除できる。

27 第三者のために する契約

R1-46

めざせQ&A満点！

Q1・第三者のためにする契約とは、どのようなものか？

売買契約などの当事者の一方が第三者に対してある給付をすることを約したときは、その第三者は、債務者に対して、その給付を請求する権利を有する。これを第三者のためにする契約という。

Q2・第三者は誰に対して給付の請求ができるのか？

債務者に対して直接請求することができる。

⇨当事者のうち、売主を要約者という。

⇨当事者のうち、買主（債務者）を諾約者という。

⇨第三者を受益者という。

Q3・第三者が存しない場合でも契約は有効か？

契約時に第三者が現に存しない場合でも、契約は有効に成立する。

Q4・第三者が特定できていない場合の契約は有効か？

第三者が特定していない場合であっても、契約は成立する。

⇨受益者が契約当時に現存している必要はない。

Q5・第三者の権利はいつ成立するのか？

第三者の権利は、その第三者が債務者に対して契約の利益を享受する意思表示をした時に、効力が発生する。

⇨受益の意思の表示がなければ、効力は生じない。

Q6・権利発生後の変更または消滅はできるか？

第三者の権利が発生した後には、当事者は権利の変更や消滅をさせることはできない。

Q7・要約者が契約を解除させることはできるか？

受益者の権利が発生した後は、受益者の承諾がなければ、契約を解除させることができない。

出たぞ 過去問！ ➡ 出るぞ 予想問！

Aは、自己所有の時計を代金50万円でBに売る契約を結んだ。その際、Aは、Cから借りていた50万円をまだ返済していなかったので、Bとの間で、Cへの返済方法としてBがCに50万円を支払う旨を合意し、時計の代金50万円はBがCに直接支払うこととした。このようなA・B間の契約を何といい、また、この契約に基づき、Cの上記50万円の代金支払請求権が発生するためには、誰が誰に対してどのようなことをする必要があるか。民法の規定に照らし、下線部について40字程度で記述しなさい。 [R1-46]

解答例 ☞ Q1+Q5

第三者のためにする契約といい、
CがBに契約の利益を享受する意
思を表示することが必要。

28 賃貸借

めざせQ&A満点！

Q1・賃貸借とは？

賃貸人が賃借人に目的物の使用収益権を与え、その対価として賃料を取る契約。

⇨賃貸借契約は、賃貸人と賃借人の合意だけで成立。

⇨契約が成立すると、賃貸人は目的物を使用収益させる債務を負い、賃借人は賃料を支払う債務を負う。

⇨賃貸人は、目的物の修繕義務も負う。

⇨賃借人には、目的物の返還義務がある。

Q2・賃借権とは？

賃貸借によって発生する賃借人の賃貸人に対する権利。

⇨賃借権に基づき、賃借人は、目的物を使用収益できる。ただし、契約または目的物の性質によって決まる用法を遵守しなければならない。

Q3・借地権とは？

建物の所有を目的とする地上権《ちじょうけん》または土地の賃借権のこと。

⇨地上権は、建物などの工作物または竹木《ちくぼく》を所有するために他人の土地を使用する権利。

Q4・賃借権の存続期間は？

民法は、50年を上限と定めている。

⇨最短期間の制限はないため、時間単位での賃貸借も可能である。

⇨契約で50年を超える期間を定めたときは、その期間は50年となる。

Q5・賃借権を第三者に対抗できるのか？

不動産賃借権は、登記をすれば、対抗力を取得する。

⇨対抗要件を備えた不動産賃借権には、妨害排除請求権や返還請求権が認められている。

Q6・登記がないと、第三者に対抗できないのか？

建物の賃借権は、建物の引渡しがあれば、第三者に対抗できる。

Q7・借地権も、登記以外の対抗要件があるのか？

借地権の登記がなくても、借地権者が土地上に自己名義の登記をした建物を所有すれば、第三者に対抗できる。

出たぞ過去問！ ➡ 出るぞ予想問！

Aは、建物を所有する目的で、B所有の土地を賃借した。Aは、手に入れた土地の賃借権を第三者にも対抗できるようにしたいと考えている。Aの土地の賃借権を第三者にも対抗できるようにする方法は、２つある。２つの方法とは、どのような方法か。40字程度で記述しなさい。

［予想問］

解答例

☞ Q3+Q5+Q7

賃借権の登記をする方法と、Aが
土地上に自己名義の登記をした建
物を所有する方法。

29 賃貸借の解除

H20-45

めざせQ&A満点!

Q1・賃借人に賃料不払などの債務不履行があったら?

催告をしても、相当の期間内に履行されない場合には、賃貸人は、契約を解除できる。

Q2・不動産の賃借人の債務不履行でも、他と同様か?

不動産賃貸借は、賃借人の生活や営業の基盤であることが多いため、信頼関係破壊理論により、解除が制限される。

⇨債務不履行が賃貸人に対する背信行為に当たらない特段の事情がある場合には、解除できない。

Q3・賃借権の譲渡とは?

契約によって賃借人の地位を移転すること。

⇨土地の賃借人が借地上に建てた自分の建物を譲渡することは、特約がない限り、借地権の譲渡に当たる。

Q4・転貸とは?

賃借人が賃貸借の目的物を第三者に賃貸すること。

Q5・賃借権の譲渡や転貸をするには?

賃貸人の承諾が必要。

⇨借地権の場合は、借地人が地主の承諾に代わる許可を裁判所に請求できる。

⇨適法な転貸が行われると、転借人は賃貸人に対して直接賃料支払義務などを負う。

⇨賃借人の債務不履行による賃貸借の解除は、転借人にも対抗でき、賃貸人が目的物の返還を求めた時に、転貸借は終了する。

Q6・無断で賃借権の譲渡・転貸をすると？

現実に第三者に賃借物を使用収益させた場合には、賃貸人は、賃貸借を解除できる。

Q7・不動産賃借権の無断譲渡・転貸も、同様か？

不動産賃貸借については、賃借権の無断譲渡・無断転貸があっても、それが賃貸人に対する背信行為に当たらない特段の事情がある場合には、解除権は発生しない。

Q8・賃貸借の解除にも遡《そ》及《きゅう》効《こう》があるのか？

解除の効力は、将来に向かってのみ生じる。

出たぞ 過去問！ ➡ 出るぞ 予想問！

不動産の賃貸借において、賃料の不払（延滞）があれば、賃貸人は、賃借人に対して相当の期間を定めてその履行を催告し、もしその期間内に履行がないときには、賃貸借契約を解除することができる。また、賃借人が、賃貸人に無断で、賃借権を譲渡、または賃借物を転貸し、その譲受人や転借人に当該不動産を使用または収益させたときには、賃貸人は、賃貸借契約を解除することができる。ただ、上記の賃料支払いの催告がなされた場合や、譲渡・転貸についての賃貸人による承諾が得られていない場合でも、賃貸人による解除が認められない場合がある。それはどのような場合かについて、40 字程度で記述しなさい。 [H20-45]

解答例

☞ Q2+Q7

賃料不払などが、賃貸人に対する
背信行為に当たらない特段の事情
がある場合である。

30 請負契約

R5-46

めざせQ&A満点！

Q1・請負契約とは？

一方がある仕事を完成することを約し、相手方がその仕事の結果に対してその報酬を支払うことを約する契約のこと。

Q2・報酬の支払時期は？

報酬は、仕事の目的物の引渡しと同時に、支払わなければならない。ただし、物の引渡しを要しないときは、仕事が完成した後でなければ請求することができない。

Q3・請負契約の担保責任とは？

請負人が種類・品質に関して契約の内容に適合しない仕事の目的物を注文者に引き渡した場合、注文者は、①履行の追《つい》完《かん》の請求、②報酬の減額の請求、③損害賠償の請求、④契約の解除をすることができる。

⇨契約の目的物が土地の工作物であっても、契約を解除することができる。

Q4・担保責任の追及が制限される場合は？

注文者の供した材料の性質または注文者の与えた指図によって生じた不適合を理由とする場合は、請負人がその材料または指図が不適当であることを知りながら告げなかったときを除き、担保責任を追及することができない。

Q5・担保責任の追及期間は？

注文者がその不適合を知った時から１年以内にその旨を請負人に通知しないときは、担保責任を追及することができない。

⇨ただし、仕事の目的物を注文者に引き渡した時において、請負人が不適合を知り、または重大な過失によって知らなかったときを除く。

Q6・注文者による契約の解除とは

請負人が仕事を完成しない間は、注文者は、いつでも損害を賠償して契約の解除をすることができる。

出たぞ過去問！ ➡ 出るぞ予想問！

Aが所有する土地上に住宅を建築する旨の建築請負契約（以下「本件契約」という。）を工務店Bとの間で締結した。本件契約においては、Bの供する材料を用い、また、同住宅の設計もBに委ねることとされた。本件契約から6か月経過後に、Aは、請負代金全額の支払いと引き換えに、完成した住宅の引渡しを受けた。しかし、その引渡し直後に、当該住宅の雨漏りが3か所生じていることが判明し、Aは、そのことを直ちにBに通知した。この場合において、民法の規定に照らし、Aが、Bに対し、権利行使ができる根拠を示した上で、AのBに対する修補請求以外の3つの権利行使の方法について、40字程度で記述しなさい。［R5-46］

解答例 ☞ Q3

担保責任を根拠に報酬の減額請求
、損害賠償の請求、契約の解除を
することができる。

31 不法行為

H19-45
H29-46

めざせQ&A満点！

Q1・不《ふ》法《ほう》行《こう》為《い》とは？

故意または過失によって、他人の権利または法律上保護される利益を侵害して損害を発生させること。

Q2・不法行為によって、どのような責任を負うのか？

損害賠償責任を負う。

⇨財産的損害だけでなく、精神的損害などの非財産的損害についても賠償しなければならない。

Q3・どのような範囲の損害を賠償するのか？

加害行為と相当因果関係のある損害。

Q4・どのような方法で損害を賠償するのか？

原則として損害を金銭に換算して賠償する。

⇨他人の名誉を毀損した者には、名誉の回復に適当な処分（謝罪広告など）を命じることができる。

Q5・被害者にも過失があった場合は？

裁判所は、それを考慮して損害賠償額を決定できる。

⇨損害の発生・拡大について、被害者にも過失（非難されるべき事情）がある場合には、それを考慮し、賠償額を減額調整するのである。これを過《か》失《しつ》相《そう》殺《さい》という。

⇨被害者本人の過失だけでなく、被害者と身分上・生活関係上一体と解される者の過失（被害者側の過失）が考慮される。

Q6・責任能力とは？

自己の行為の責任を弁識できる知能のこと。

Q7・責任能力がなくても、責任を負うのか？

責任能力がなかったことを立証すれば、加害者は責任を免れる。

⇨その場合は、法定の監督義務者などが損害賠償責任を負うことがある。

Q8・正当防衛とは？

他人の不法行為に対し、自己または第三者の権利・法律上保護される利益を防衛するために、やむを得ず行った加害行為。

H19-45 出題

Q9・緊急《きんきゅう》避難《ひなん》とは？

他人の物より生じた急迫の危難を避けるために、その物を損傷すること。

Q10・正当防衛または緊急避難に当たる場合は？

行為が正当化されるため、損害賠償責任を負わない。

H19-45 出題

Q11・不法行為による損害賠償請求権が消滅するのは？

不法行為による損害賠償請求権は、被害者またはその法定代理人が損害及び加害者を知った時から３年間（人の生命または身体を害する不法行為の場合は５年間）行使しないと、時効によって消滅する。

⇨不法行為の時より 20 年行使しないときも、消滅する。

出たぞ 過去問！ ➡ 出るぞ 予想問！

不法行為による損害賠償請求権は、被害者またはその法定代理人が、いつの時点から何年間行使しないときに消滅するかについて、民法が規定する２つの場合を、40 字程度で記述しなさい。 ［H29-46］

解答例 ☞ Q11

損	害	及	び	加	害	者	を	知	っ	た	時	か	ら	3
年	間	、	ま	た	は	不	法	行	為	の	時	か	ら	2
0	年	間	行	使	し	な	い	と	き	。				

32 表見代理と使用者責任

H23-46

めざせQ&A満点！

Q1・表見《ひょうけん》代《だい》理《り》とは？

本人にも落ち度があり、相手方が無権代理人を代理人と信じたのも無理がないという場合に、無権代理行為の効果を本人に帰属させる制度。

Q2・権限外の行為による表見代理とは？

一応代理権のある者が権限外の行為をした場合でも、相手方が権限内と信じ、そのことに正当な理由があれば、効果は本人に帰属すること。

Q3・使用者責任とは？

事業のために他人を使用する者は、被用者がその事業の執行について第三者に加えた損害を賠償する責任を負うこと。

Q4・使用者が免責されることはないのか？

被用者の選任やその事業の監督につき相当の注意をしたことを立証すると、免責される。

⇨相当の注意をしても、損害の発生を防止できなかったことを立証した場合も、免責される。

Q5・「事業のために他人を使用する」とは？

雇用関係である必要はなく、実質的な指揮監督の関係があればよい。

Q6・「事業の執行について」とは？

行為の外形から観察して、被用者の職務の範囲内に属する行為と認められればよい。

⇨職務外であっても、客観的に職務の範囲内と認められるものは、事業の執行に当たる。

Q7・使用者が責任を負えば、被用者は免責か？

被用者も損害賠償責任を負う。

⇨使用者と被用者はいずれも全額の賠償義務を負うが、一方が賠償すれば、他方も消滅する。

Q8・使用者が損害を賠償すると？

使用者は、信義則《しんぎそく》上相当と認められる限度で、被用者に対して求償《きゅうしょう》できる。

Q9・被用者が第三者と共同で不法行為を行ったら？

使用者の事業の執行についての共同不法行為であれば、使用者は、被用者と同じ内容の責任を負う。

出たぞ 過去問！ ➡ 出るぞ 予想問！

作家Ｙに雇用されている秘書Ａは、Ｙ名義で５万円以下のＹの日用品を購入する権限しか付与されていなかったが、Ｙに無断でＸからＹのために50万円相当の事務機器を購入した。しかし、Ｘは、Ａに事務機器を購入する権限があるものと信じて取引をし、Ｙに代金の支払を請求したところ、Ｙはその支払を拒絶した。このようなＹの支払拒絶を不当と考えたＸは、Ｙに対して、支払の請求、及びそれに代わる請求について検討した。この場合において、Ｘは、どのような根拠に基づき、いかなる請求をすればよいか。「Ｘは、Ｙに対して、」に続けて、考えられる請求内容を二つ、40字程度で記述しなさい。 [H23-46]

解答例

☞ Q2+Q3+Q6

権	限	外	の	行	為	の	表	見	代	理	に	よ	る	代
金	支	払	請	求	ま	た	は	使	用	者	責	任	に	よ
る	損	害	賠	償	請	求	を	す	れ	ば	よ	い	。	

33 注文者・占有者・所有者の責任

R3-46

めざせQ&A満点！

Q1・注文者は請負人の仕事の賠償責任を負うか？

注文者は、請負人がその仕事について第三者に加えた損害を賠償する責任を負わない。

⇨注文または指図についてその注文者に過失があったときは、この限りでない。

⇨請負とは、当事者の一方がある仕事を完成することを約し、相手方が仕事の結果に対して報酬を支払うことを約する契約のこと。

Q2・土地の工作物が他人に損害を与えたら誰が責任を負う？

土地の工作物の設置や保存に瑕疵《かし》があり、他人に損害を与えたときは、その工作物の占有者が、被害者に対して損害賠償責任を負う。

Q3・占有者が損害を防ぐ注意をしていたときは？

占有者が損害発生を防止する必要な注意をしたときは、所有者がその損害を賠償する。

Q4・竹木が他人に損害を与えた場合は？

竹木の栽植または支持に瑕疵がある場合についても、占有者または所有者が賠償責任を負う。

Q5・損害の原因について責任を負う者があるときは？

占有者または所有者は、損害の原因について責任を負う者に対して、求償権を行使することができる。

Q6・動物の占有者の責任は？

動物の占有者は、その動物が他人に加えた損害を賠償する責任を負う。

⇨動物の種類及び性質に従い相当の注意をもってその管理をしたときは、免責される。

⇨動物の管理者も、同じ責任を負う。

出たぞ過去問！ ➡ 出るぞ予想問！

Aが所有する甲家屋につき、Bが賃借人として居住していたところ、甲家屋の2階部分の外壁が突然崩落して、付近を通行していたCが負傷した。甲家屋の外壁の設置または管理に瑕疵があった場合、民法の規定に照らし、誰がCに対して損害賠償責任を負うことになるか。必要に応じて場合分けをしながら、40字程度で記述しなさい。 [R3-46]

解答例

☞ Q2+Q3

B	が	責	任	を	負	う	が	、	B	が	損	害	の	発
生	を	防	止	す	る	の	に	必	要	な	注	意	を	し
て	い	る	と	き	は	、	A	が	責	任	を	負	う	。

34 婚姻の成立と解消

H28-46

めざせQ&A満点！

Q1・婚姻は、いつ成立するのか？

婚姻は、婚姻意思に基づく届出がなされた時に成立する。

⇨届出がなされた時とは、婚姻届が受理された時である。

Q2・実質上夫婦関係にある一方が勝手に届出をしたら？

届出時に婚姻意思がない以上、婚姻は無効である。

⇨ただし、他方が届出を知り、追認した場合には、届出時に遡って婚姻は有効になる。

Q3・婚姻適齢に達しない者の婚姻届が受理されると？

婚姻意思のある届出が受理された以上、婚姻は有効であるが、婚姻障害事由があるため、取り消すことができる。

⇨婚姻の取消しは、将来に向かってのみ効力を生じる。

Q4・婚姻を裁判外でも取り消せるのか？

婚姻の取消しは、家庭裁判所に請求しなければならない。

Q5・婚姻の解消事由とは？

夫婦の一方の死亡と離婚である。

⇨死亡には、失踪宣告による死亡擬制を含む。

Q6・夫婦間の協議で離婚できるのか？

夫婦は、協議で離婚でき、離婚の意思に基づく届出によって効力を生じる。

Q7・離婚の訴えを提起できるのは？

①不貞行為・②悪意の遺棄・③３年以上の生死不明・④回復の見込みのない強度の精神病・⑤その他婚姻を継続しがたい重大な事由のいずれかが存在する場合に限る。

Q8・財産分与とは？

財産分与とは、婚姻中の実質上の共同財産を清算分配し

（清算的要素）、離婚後の相手方の生計を維持すること（扶養的要素）を目的に認められた制度である。

⇨また、財産分与の際には、一切の事情を考慮すべきであるから、精神的損害の原因たる事情（慰謝料的要素）も考慮される。

Q9・離婚によって姻族関係や氏はどうなるのか？

離婚により配偶者の血族との姻族関係は当然に終了する。

⇨そして、当然に婚姻前の氏に戻る（復氏）。ただし、離婚の日から３か月以内に届出をすれば、婚姻中の氏を称することもできる（婚氏続称）。

⇨これに対して、夫婦の一方が死亡しても、姻族関係は当然に消滅するわけではなく、生存配偶者の意思表示があって初めて消滅する。また、復氏をするか否かも、生存配偶者が自由に選択できる。

出たぞ 過去問！ ➡ 出るぞ 予想問！

民法の規定によれば、離婚の財産上の法的効果として、離婚した夫婦の一方は、相手方に対して財産の分与を請求することができる。判例は、離婚に伴う財産分与の目的ないし機能には３つの要素が含まれ得ると解している。この財産分与の３つの要素の内容について、40 字程度で記述しなさい。 [H28-46]

解答例

☞ Q8

要	素	は	、	実	質	上	の	共	同	財	産	の	清	算
分	配	、	離	婚	後	の	相	手	方	の	生	計	維	持
及	び	精	神	的	損	害	の	賠	償	で	あ	る	。	

35 親子関係

H27-46

めざせQ&A満点！

Q1・嫡出子とは？

嫡出子とは、婚姻関係にある男女間の子をいう。

Q2・嫡出子と推定されることがあるのか？

妻が婚姻中に懐胎した子は、当該婚姻における夫の子と推定する。女が婚姻前に懐胎した子であって、婚姻が成立した後に生まれたものも、同様とする。

⇨婚姻成立の日から200日後、解消の日から300日以内に生まれた子は、婚姻中に懐胎したものと推定される。

Q3・嫡出の否認とは？

父・母・子は、子が嫡出であることを否認できる。

⇨また、子の懐胎の時から出生の時までの間に母と婚姻していた者であって、子の父以外のもの（前夫）も、子が嫡出であることを否認することができる。

Q4・嫡出否認の訴えとは？

嫡出の否認は、以下の者に対する嫡出否認の訴えによる。

①**父**の否認権：子・親権を行う母に対する訴え

②**子**の否認権：父に対する訴え

③**母**の否認権：父に対する訴え

④**前夫**の否認権：父・子・親権を行う母に対する訴え

⇨なお、父・母は、子の出生後において、その嫡出であることを承認したときは、それぞれその否認権を失う。

Q5・嫡出否認の訴えの出訴期間とは？

嫡出否認の訴えの出訴期間は、以下のとおりである。

①**父**の否認権：父が子の出生を知った時から3年以内

②**子**の否認権：その出生の時から3年以内

③**母**の否認権：子の出生の時から３年以内
④**前夫**の否認権：前夫が子の出生を知った時から３年以内

Q6・認知は、どのように行うのか？

認知は、届出または遺言によって行う。

⇨認知は、認知者の意思に基づくものでなければならない。認知者の意思に基づかない認知届は、無効である。

出たぞ 過去問！➡出るぞ 予想問！

AとBは結婚し、3年後にBが懐胎したが、その頃から両者は不仲となり別居状態となり、その後にCが出生した。Bは、AにCの出生を知らせるとともに、Aとの婚姻関係を解消したいこと、Cの親権者にはBがなること、およびAはCの養育費としてBに対し毎月20万円を支払うことを求め、Aもこれを了承して協議離婚が成立した。ところが離婚後、Aは、Bが別居を始める前から他の男性と交際していたことを知り、Cが自分の子であることに疑いを持った。
このような事情において、Cが自分の子でないことを確認するため、Aは誰を相手として、いつまでに、どのような手続をとるべきか。民法の規定および判例に照らし、とるべき法的手段の内容を40字程度で記述しなさい。
[H27-46]

解答例

☞ Q3+Q4+Q5

C	ま	た	は	B	を	相	手	に	、	A	が	C	の	出
生	を	知	っ	た	時	か	ら	3	年	以	内	に	嫡	出
否	認	の	訴	え	を	提	起	す	べ	き	で	あ	る	。

36 遺　言

H24-46

めざせQ&A満点！

Q1・遺言《いごん》とは？

人の最終意思の表示であり、遺言者の死後の法律関係を定めるもの。

⇨遺言は、遺言者の死亡時から効力を生じる。

Q2・遺言ができるのは？

15歳に達した者。

⇨ 15歳に達した者は、意思能力があれば、遺言ができる。

Q3・遺言の方式は？

遺言は、民法の定める方式で行う必要がある（要式行為）。

⇨共同遺言は、禁止されている。夫婦であっても、同一の証書での遺言はできない。

Q4・遺贈《いぞう》とは？

遺言によって遺産の全部または一部を贈与すること。

⇨①遺産の全部または一定の割合を贈与する包括遺贈と、②特定の遺産を贈与する特定遺贈がある。

⇨遺言者よりも先に受遺者《じゅいしゃ》が死亡した場合、遺贈は無効。

Q5・遺留分《いりゅうぶん》とは？

一定の相続人にどうしても残してやらなければならない相続財産の割合のこと。

⇨兄弟姉妹以外の相続人には、遺留分がある。

⇨直系尊属だけが相続人の場合は相続財産の３分の１が、その他の場合は相続財産の２分の１が遺留分。

Q6・遺贈・贈与によって、遺留分が侵害されたら？

遺留分権利者は、遺留分侵害額請求ができる。

⇨遺留分侵害額請求権は、裁判上行使する必要はない。

受贈者《じゅぞうしゃ》または受遺者《じゅいしゃ》に対して、意思表示をすればよい。

Q7・遺留分侵害額請求がなされると？

遺贈・贈与自体は有効だが、請求者に対して、遺留分を侵害した限度での金銭賠償義務が生じる。

出たぞ 過去問！ 出るぞ 予想問！

次の文章は遺言に関する相談者と回答者の会話である。〔　　〕の中に、どのような請求によって、何について遺言を失効させるかを40字程度で記述しなさい。 [H24-46]

相談者「今日は遺言の相談に参りました。私は夫に先立たれて独りで生活しています。亡くなった夫との間には息子が一人おりますが、随分前に家を出て一切交流もありません。私には、少々の預金と夫が遺してくれた土地建物がありますが、少しでも世の中のお役に立てるよう、私が死んだらこれらの財産一切を慈善団体Aに寄付したいと思っております。このような遺言をすることはできますか。」

回答者「もちろん、そのような遺言をすることはできます。ただ「財産一切を慈善団体Aに寄付する」という内容が、必ずしもそのとおりになるとは限りません。というのも、相続人である息子さんは、〔　　〕からです。そのようにできるのは、被相続人の財産処分の自由を保障しつつも、相続人の生活の安定及び財産の公平分配をはかるためです。

解答例 ☞ Q5+Q6+Q7

遺	留	分	侵	害	額	請	求	に	よ	り	、	相	続	財
産	の	2	分	の	1	に	つ	い	て	金	銭	の	支	払
を	請	求	す	る	こ	と	が	で	き	る				

●著者紹介●

竹井　弘二（たけい・こうじ）

1971年9月15日生まれ。行政書士、1級FP技能士、宅地建物取引士。慶應義塾大学を卒業後、LEC東京リーガルマインド講師として、宅建など不動産系の資格の講義及び教材制作を担当。その後、IT企業にて法務及び総務を担当する。2011年に創業支援などを行う株式会社ルミノーゾ・パートナーズを設立する。また、2012年に資格試験対策講座や企業研修などを行う株式会社シープを設立する。2017年からは一般社団法人ルミノーゾにて障がい者の方の就労支援も行う。上記資格以外にもマンション管理士、管理業務主任者、賃貸不動産経営管理士、日商簿記検定、ビジネス実務法務検定、メンタルヘルス・マネジメント検定などにも合格している。

企画原案　水　田　嘉　美
装　　丁　やぶはな あきお

ケータイ行政書士 40字記述 2024　過去問から予想問まで

2024年3月11日　第1刷発行

著　者　竹　井　弘　二
発行者　株式会社　三　省　堂
代表者　瀧本多加志
印刷者　大日本法令印刷株式会社
発行所　株式会社　三　省　堂
〒102-8371　東京都千代田区麴町五丁目7番地2
電　話（03）3230-9411
https://www.sanseido.co.jp/

<24 ケータイ行政書士 40字・128pp.>

落丁本・乱丁本はお取り替えいたします。
本書の内容に関するお問い合わせは、弊社ホームページの「お問い合わせ」フォーム（https://www.sanseido.co.jp/support/）にて承ります。

ISBN978-4-385-32545-3